Hugs for Mom

필리스 볼팅하우스 지음 | 김지현 옮김

이룸

엄마를 생각하면 가슴이 따뜻해져요.

내게 엄마는 언제나 화풀이 대상이었죠.

그럴 때마다 미안하다는 듯 미소로 답하셨죠.

엄마의 **희생**이 나를 있게 만들었다는 것을 몰랐어요.

엄마! 저 참 못났죠?

그리고……
미처 전하지 못한 말 대신 엄마를 꼭 안아드리고 싶어요.

Hugs for Mom

차 례

Chapter 1

가족을 잇는 사랑의 실

어머니, 당신은 나에게 생기를 불어넣어 주고,
가족을 번성케 하는 힘의 원천입니다.

지혜를 반석 삼아 가족을 위한 집을 짓고,
분별과 이해의 지붕을 그 위에 얹으셨습니다.
또한 당신의 지식으로 곳간과 금고들을 가득 채우셨습니다.

가족에게 항상 새 힘을 주는 세상의 모든 어머니에게

집을 세우는 건축가

어머니는 집을 세우는 건축가입니다.

그러나 대단한 훈련이나 특별한 학위를 받아야 하는 것은 아닙니다. 경력을 쌓아야만 할 수 있는 일도 아닙니다. 집이란 천장의 높이가 얼마나 높은지, 방이 몇 개인지로 측정하고 평가하는 것이 아닙니다. 그 안에 얼마나 많은 사람이 살고 있는지, 이웃에 어떤 사람들이 사는지로 판단하는 것도 아닙니다. 가까운 곳에 친척들이 함께 살고 있는지, 아니면 혼자 외톨이로 떨어져 지내는지도 아무 상관없습니다. 집이란 물리적인 것이 아니기 때문입니다.

집이란 따스함이고 희망이고 마음의 안식처입니다. 웃음이고 기쁨이고 평화입니다. 슬픔을 함께 나누고, 상심한 마음을 위로받는 곳입니다. 집은 사람이고 또 관계입니다. 그리고 무엇보다도 집은 사랑입니다.

하지만 집은 저절로 지어지지 않습니다. 많은 노력과 수고, 그리고 굳은 결의가 필요합니다. 목적과 비전이 있어야 세울 수 있

습니다. 이는 때로 자신의 느낌이나 생각과 반대로 행동해야만
하는 경우도 있다는 것을 의미합니다. 누워있고 싶어도 일어나
야만 하고, 과거에 빠져 지내고 싶어도 앞으로 나아가야만 하는
것입니다. 이처럼 집을 세우는 일은 품이 많이 드는 만만치 않은
일이지만, 그렇다고 영 못할 일도 아닙니다.

　사랑하는 사람들을 위해 진정한 집을 짓는 데 필요한 모든
힘이 어머니 당신 안에 있습니다. 당신에게는 다정하게 어루만
져줄 손이 있고, 따스하게 안아줄 두 팔이 있습니다. 격려의 말
을 전할 입이 있고, 키스를 퍼부어 줄 입술이 있습니다. 도움을
주러 달려갈 다리가 있고, 이야기를 들어줄 귀가 있습니다. 걱
정하고 생각해줄 수 있는 가슴과 마음껏 나누어 줄 사랑이 있
습니다.

　당신은 어머니입니다. 당신은 집을 세우는 건축가입니다.

기쁘고 즐거운 추억은
우리 마음에 원기를 즉시 회복시켜줍니다.

매릴린 메버그

사랑이 가득 담긴 소포

부엌 싱크대 위로 난 작은 창문을 통해 바깥 풍경을 멍하니 바라보던 루스는 어느덧 시야가 흐릿해지는 것을 느꼈다. 아무리 애를 써도 이곳에는 루스와 연결되어 있는 것이 아무것도 없었다. 지금 루스의 심정은 마치 뿌리 뽑혀 낯선 곳에 옮겨진 나무와도 같았다. 그녀가 태어나 자라고, 지금도 부모 형제가 살고 있는 북캘리포니아 고향집에 그녀의 모든 것을 두고 와버린 탓이었다.

남편 커트가 새로운 직장을 구했다는 말을 처음 들었을 때만 해도 루스는 이런 일을 겪게 될 줄은 꿈도 꾸지 못했다. 오히려 그녀는 즐거운 기대로 한껏 들떠 있었다. 하지만 익숙한 모든 것을 뒤로하고 낯선 곳으로 떠나야 하는 시간이 다가오자, 루스의 마음은 흔들리기 시작했다. 물론 루스의 곁에는 커트가 있었다. 그리고 크리스탈도 있었다. 루스는 아내와 엄마로 사는 삶을 사랑했다. 진심으로 좋아했다. 하지만 루스는 언제나 북적대는 대가족 속에서 살아왔다. 그런데 갑자기 그녀를 둘러싼 가족이 너무나 작아져 버렸다.

설거지를 마친 루스는 소파 위에 털썩 주저앉았다. 이때쯤이면 크리스탈이 학교에서 돌아오고 있을 시간이었다. 루스는 고개를 뒤로 젖히고 두 눈을 감았다. 어둠이 눈앞을 가로막는가 싶더니 어느새 루스는 일곱 살 어린 소녀로 돌아가 할머니의 커다란 의자 발치에 놓인 작은 발받침에 걸터앉아 있었다. 루 할머니는 때마침 바느질함의 뚜껑을 열고 맨 위 칸에 들어 있는 실타래를 하나 꺼내고 있었다. 루스의 눈에 너무나도 익숙한 그 바느질함은 40cm 정도의 높이에, 밝은 갈색과 어두운 갈색의 두 가지 원목이 교대로 아로새겨진 줄무늬 장식을 하고 있었다. 서랍이 두 개 있었는데, 그 안에는 가위, 골무, 그리고 각종 바느질에 필요한 물건들이 들어 있었다. 맨 위 덮개를 열면 실타래를 걸어놓을 수 있는 못이 박힌 숨은 선반이 나왔다. 루스는 이 낡은 바느질함을 좋아했다. 보기에 아름다워서이기도 했지만 할아버지가 그 함을 만들던 모습을 희미하게나마 기억하고 있기 때문이기도 했다. 하지만 무엇보다도 그 바느질함이 그토록 마음에 들었던 진짜 이유는, 가족들의 추억이 고스란히 담겨 있는 물건이었기 때문이다.

루스의 재킷에서 단추가 떨어질 때면, 할머니는 그 단추와 완벽하게 어울리는 푸른 색 실을 바늘에 꿰며 이렇게 말하곤 했다.

"일단 실을 바늘에 꿰고 나면, 이렇게 실 한쪽 끝은 단단하게 매듭을 지어야 한단다."

할머니는 능숙한 솜씨로 검지에 고리 모양으로 실을 돌려 매고 엄지와 검지를 비비다가, 손가락과 엄지손톱 사이로 꼬인 실마리를 미끄러뜨려 매듭을 지었다. 그리고 그 매듭을 루스가 볼 수 있도록 눈앞에 내밀어 보여 주었다.

"자, 이제 네가 한 번 해보렴."

할머니가 루스에게 실 한 가닥을 건네며 말했다. 루스는 할머니가 한 대로 실을 비벼대다가 손가락 사이로 밀어 보았지만 매듭은 쉽게 만들어지지 않았다.

"못하겠어요."

루스는 입을 삐죽 내밀고 뿌루퉁하게 말했다.

"난 제대로 할 줄 아는 게 하나도 없다니까요!"

"아이고 이게 무슨 천부당만부당한 말씀이냐."

할머니는 당장 루스의 말에 응수했다.

"이런 일쯤이야 너한테는 누워서 떡먹기일 텐데! 루스, 네가 못하는 일이 어디 있니? 왜, 오늘 아침만 해도 그렇잖니. 엄마가 바나나 팬케이크 만드는 걸 도와주는 모습을 내가 다 보았단다. 그 팬케이크 정말 맛있었어. 자, 여기 이리로 와서 내가 하는 걸 한 번만 더 보렴."

할머니가 실로 매듭짓는 것을 두 번째로 보고 난 루스는 다시 실을 집어 들었다. 혀를 한쪽으로 내밀고 이마를 잔뜩 찡그린 채 온 정신을 집중한 루스는 다시 실로 고리를 만들고 비벼서 밀어냈다.

"와! 해냈어요, 할머니."

루스는 소리쳤다.

"내가 해냈어요! 매듭을 지었다고요!"

"그래, 할 수 있고 말고."

할머니는 그제야 본격적으로 바느질을 시작했다.

"우리 손녀딸은 마음만 먹으면 무슨 일이든지 다 할 수 있지."

오랜 전 그날 루스의 얼굴은 자신감으로 환하게 빛났다. 정말로 모든 일을 할 수 있을 것만 같았다. 하지만 20년이 지난 지금, 루 할머니는 오래전에 세상을 떠나셨고, 루스의 심정은 자신감과는 거리가 먼 상태였다.

그때 문 열리는 소리가 들렸다. 무슨 일인지, 크리스탈이 울면서 안으로 뛰어 들어오는 것이 보였다. 루스는 황급히 딸아이 앞에 무릎을 꿇고 앉아 눈을 맞추며 말했다.

"우리 딸, 왜 그래? 무슨 일이야?"

크리스탈의 붉은 뺨 위로 닭똥 같은 눈물이 뚝뚝 흘러내리고 있었다.

"로라와 미스티가 나랑 안 놀아줘."

감정이 복받쳐 오르는 듯 크리스탈은 가슴을 들썩이며 말했다.

"걔네들이 나는 자기들 편이 아니래! 자기들은 유치원 때랑 1학년 때부터 친구였지만 나는 이제 막 여기로 이사 왔으니까, 그러니까 나를 자기들 친구로 삼아줄 수가 없대."

"이런, 정말 안됐구나, 우리 딸. 하지만 그 아이들 말고도 친구로 사귈 만한 아이들은 많이 있을 거야."

루스는 딸을 두 팔로 꼭 끌어안아 주었다. '가족과 떨어져 지낸 지 꼭 3주가 지났구나.' 루스는 순진하고 의심할 줄 모르는 딸아이를 안심시키고 달래기 위해서라도 주책없이 솟아나는 눈물을 참아내야 했다.

"다 잘 될 거야. 곧 괜찮아질 거야."

하지만 루스 자신은 정작 그 말을 믿고 있지 않았다.

그때 초인종 소리가 들려와 루스와 크리스탈 두 사람을 모두 놀라게 했다.

"누구지?"

루스는 머리를 매만지고 옷매무새를 다듬으며 말했다.

현관으로 나가 문을 여니 우체부가 서 있었다.

"소포가 왔습니다, 부인."

젊은 우체부가 말했다.

"여기 서명해주세요."

루스는 서명을 하고 소포를 받아 안으로 들고 들어왔다.
그런데 현관문이 닫히는 순간 다시 한 번 눈물이 솟구치는
것을 느꼈다. 발신인 주소를 보니 부모님이 살고 있는 캘리
포니아의 쿨 밸리 로드였던 것이다. 외지로 이사 간 딸을 위
해 엄마가 또 무엇인가를 보내주신 모양이다. 지난주에는 루
스가 좋아하는 군것질 거리가 담긴 커다란 상자 하나가 도착
했다.

"이번에는 할머니가 또 뭘 보내셨을까?"

루스는 딸 크리스탈에게 말했다.

"이 큰 상자 여는 것 좀 도와줄래?"

겹겹이 싼 포장지를 다 뜯어내고서야 마침내 상자의 뚜껑
을 열 수 있었다.

그 순간 루스는 숨을 멈췄다. 그녀의 눈에서는 도저히 걷잡을 수 없는 눈물이 흘러넘치고 있었다. 눈앞의 물건이 진짜인지 가짜인지, 도무지 믿기지가 않았다.

"엄마, 왜 울어?"

크리스탈이 물었다.

"선물이 마음에 안 들어?"

"아니, 너무 좋아서 그래. 가끔 엄마들은 너무나 행복해도 운단다."

천천히 그리고 조심스럽게 루스는 그 어떤 것보다 많은 의미를 담고 있는 집안의 가보를 꺼냈다.

"이건 엄마의 할머니가 쓰시던 바느질함이란다, 크리스탈. 할머니가 루 할머니의 바느질함을 보내주셨어!"

"줄무늬네? 얼룩말 같아."

크리스탈이 두 가지 나무가 교대로 아로새겨진 줄무늬를 손가락으로 어루만지며 재미있다는 얼굴을 했다.

"그런데 바느질함이 뭐야?"

"바늘이랑 실이랑 단추랑 가위 같은 물건을 넣어두는 특별한 물건이야, 알았니?"

루스는 이음새가 달린 뚜껑 한쪽을 열어 조그만 못에 걸려 있는 오래된 모직 실타래를 보여주었다.

"크리스탈, 여기 봐. 이 실타래마다 글이 적혀 있단다. 이건 '노란 바지용'이고, 여기 요건 '조안의 재킷용'이라고 쓰여 있어. 조안은 외할머니 이름이야."

루스는 파란색 실타래를 집어 들었다.

"이건 루스의 파란색."

그녀의 눈에 또 다시 눈물이 맺혔다.

"이건 엄마가 어릴 적에 네 외증조 할머니이신 루 할머니가 엄마 재킷 단추를 꿰매주실 때 쓰시던 실이야. 그러니까 엄마가 꼭 너만 했을 때 일이구나."

루스는 조심스레 서랍 하나를 잡아 당겨 열어 보았다. 바느질함 구석구석 할아버지의 솜씨가 그대로 드러나 있었다. 그 오랜 세월이 지난 후인데도 서랍은 덜컹거림 하나 없이 부드럽게 열렸다. 서랍 안에는 엄마의 필체로 채워진 쪽지 한 장이 들어 있었다.

여기 있는 우리 모두가 널 많이 사랑하고 있다는 사실을 기억하게 해주고, 우리와 서로 연결되어 있다는 것을 느끼게 해줄 수 있는 작은 선물을 보낸다. 이걸 보고 우리를 기억하길 바란다. 새로운 곳에서 혼자 가정을 꾸려나가는 큰일을 시작한 네가 참 자랑스럽단다. 여기 있는 과거의 실타래들이 너의 미래를 연결해주는 든든한 이음새를 만들어주면 좋겠구나.

사랑하는 엄마가

"크리스탈, 단추가 떨어진 네 빨간 셔츠를 가져오렴. 엄마의 할머니가 엄마 옷을 고쳐주셨던 것처럼 엄마가 네 옷을 고쳐줄게."

크리스탈은 재빨리 옷을 찾아와서는 루스가 앉아 있던 의자 옆에 있는 발받침에 올라앉았다. 크리스탈은 루스가 실타래를 뒤적거리며 셔츠와 똑같은 색실을 찾는 모습을 유심히 쳐다보았다.

"일단 실을 바늘에 꿰고 나면, 이렇게 실 한쪽 끝은 단단하게 매듭을 지어야 한단다."

루스는 능숙한 솜씨로 검지에 고리 모양으로 실을 돌려 매고 엄지와 검지를 비비다가 손가락과 엄지손톱 사이로 꼬아진 실마리를 미끄러뜨려 매듭을 지었다. 그리고 크리스탈이 볼 수 있도록 눈앞에 내밀어 보여주었다.

"자, 이제 네가 한 번 해보렴."

루스는 생애 처음으로 바늘에 실을 꿰어보는 딸아이를 보면서 미소를 지었다.

루스는 실로 오랜만에 마음이 평온해지는 것을 느꼈다. 비로소 온전하고 안정된 느낌이 들었다. 가족의 유대는 물리적인 거리 따위로 인해 깨어지는 것이 아니었다. 가족 모두는 절대적으로 연결되어 있었다. 할머니, 엄마, 루스, 그리고 이제 크리스탈까지 시간과 공간을 초월하여 이어주는 사랑의 실로 꽁꽁 묶여 있었던 것이다.

Chapter 2

평화로운 침묵이 전하는
사랑의 온기

어머니라는 이름으로,
온갖 노력과 수고를 마다 않는 당신.

당신의 하루 중 가장 고된 때에
잠시 손을 놓고 평온한 마음으로 하나님을 생각하십시오.
모든 것이 그분의 뜻과 손에 달렸음을 기억하십시오.
당신과 자녀를 그분이 이끌고 가시니
그 길에는 어려울 것도 거칠 것도 없을 것입니다.
오늘도 또 내일도
그분이 당신을 지탱하고 계시니
당신이 맡은 책임을 다하는 데 어려움이 없을 것입니다.

가족에게 항상 새 힘을 주는 세상의 모든 어머니에게

부드러움 뒤에 숨겨진 강함

삶이란 망가지기 쉽고 덧없는 것입니다. 그래서 하나님은 어머니를 강하게 만드셨지요.

물론 어머니들이 그리 강해보이지 않는다고 생각할 수도 있습니다. 어머니들은 정말 부드럽고 다정한 분들입니다. 그런 분들을 묘사하는데 '강하다'라는 형용사를 쓰는 것은 적당하지 않아 보입니다. 게다가 어머니들은 울기도 잘하십니다. 다섯 살 난 아들이 유치원 졸업식 무대를 가로질러 걸어가는 모습을 보고도 눈물짓고, 뒷마당에서 잡초를 한 움큼 뽑아 와서는 사랑의 선물이라고 화사하게 내미는 아이의 행동에도 눈시울을 적시지요.

하지만 이런 눈물에 속아서는 안 됩니다. 어머니는 물리적인 힘을 넘어선 강함을 몰래 숨기고 있습니다. 게다가 이유를 막론하고 무조건 참고 이겨내는 대단한 인내심도 꽁꽁 숨기고 있습니다. 자신의 아이가 부당한 대우를 받았을 때, 어머니는 자녀를 보호하고 자녀의 편이 되어 아이를 옹호합니다. 아이가 좌절하고 용기를 잃었을 때, 엄마는 상처받기 쉬운 아이에게 과거에

이룬 일들, 현재 하고 있는 대단한 일들, 그리고 미래에 이루게 될 업적들까지 모두 낱낱이 말해주고 격려해줍니다. 심지어 너무나 사랑하는 자녀가 자신에게 대들고 그로 인해 다툼이 벌어져도, 어머니는 최선을 다해 그 고집 세고 비뚤어진 마음에 손을 내밀어 아이가 어떻게 하면 제자리로 돌아올 수 있을지 고민하고 방법을 찾습니다.

과거를 이해하는 어머니는 미래를 위해 더 나은 선택을 할 수 있는 지혜가 있습니다. 현재의 상황을 현명하게 다루는 어머니는 너무나 피곤해서 생각할 수조차 없는 극한의 상황에서도 미소 지을 수 있습니다. 그리고 제아무리 스트레스가 심할 때에도 말을 조심하는 힘을 갖고 있습니다. 미래에 대한 비전을 갖고 훗날을 머릿속에 그릴 수 있는 어머니는 아이들이 자라서 어떤 사람이 될지 분명히 알고, 내일의 희망과 꿈이 오늘의 현실이 되는 날까지 끊임없이 참고 인내할 수 있는 힘을 갖고 있습니다.

깊은 상처가 아무는 데에는 오랜 시간이 걸립니다.

때로 그 상처는 영원토록 지속될 것만 같게 느껴지죠.

하지만 견뎌내세요!

누군가 말했듯이

진정한 치유는 전자레인지로 하는 요리가 아닙니다.

오히려 슬로우쿠커로 하는 요리라고 할 수 있죠..

바바라 존슨

침묵이 전하는 축복

"샘, 그 애가 점점 더 멀어져가고 있어요. 우리 사이에 벽이 점점 높아지고 있어요. 서로 대화다운 대화를 나눈 지도 오래예요. 나한테 눈길조차 주지 않는다구요."

"조안, 당신이 너무 예민해져 있는 거 아니요? 그건 평범한 10대의 모습이야. 아이는 열일곱 살이라고. 뭘 더 바라는 거요?"

하지만 샘은 방금 리애너의 분노에 찬 목소리를 듣지 못했기에 이런 소리를 하는 것이다. 딸아이의 거친 말대꾸가 다시금 조안의 머릿속에서 울려 퍼졌다.

"제발, 날! 그냥! 내버려 둬!"

리애너가 한 마디 한 마디 강조하면서 악을 쓰듯이 외치는 통에 조안은 당황하다 못해 두려움까지 느낄 지경이었다. 그러나 딸아이는 뒤도 돌아보지 않고 거칠게 침실 문을 쿵 닫고 나갔고, 그 소리의 여운과 함께 집은 다시 해묵은 침묵 속으로 빠져 들어갔다.

언제부터 이 침묵이 시작되었던가? 귀여운 어린 딸아이는 어디로 가버린 것일까? 뒷마당에서 그네를 타며 노래를 부르던 그 달콤한 목소리는 어디로 가버렸을까? 엄마의 귓가에 속살거리던 순진한 비밀 이야기는 어디로 간 것일까?

따뜻한 사랑의 소리를 대신하고 있는 것은 이제 얼음처럼 차가운 침묵뿐이었다. 조안은 봄방학 기간 동안 다녀올 가족여행에서 리애너와의 관계를 회복할 수 있는 기회가 오기를 기대했다. 조안의 가족에게는 함께할 시간이 절실했다. 분주한 일상의 압박감에서 벗어나 온전히 함께 누릴 시간이 필요했던 것이다.

조안은 이번 여행이 어떤 모습으로 그들의 기억에 아로새겨져야할지에 대해서, 그 완벽한 모습을 마음속에 그리고 있

평화로운 침묵이 전하는 사랑의 온기

었다. 조안이 열세 살 때 가족과 함께 떠났던 여행과 같은 시간이 되기를 바랐던 것이다. 그 여행은 그녀 인생에서 최고로 손꼽히고 기억되는 여행이었다.

그 여행의 하이라이트는 조안과 그녀의 엄마가 우연히 고래를 보게 된 순간이었다.

"엄마, 저길 봐요! 고래예요. 정말 아름다워요."

엄마와 딸은 광활한 바다 쪽을 뚫어져라 바라보았고, 그들의 시선은 그 거대한 피조물에서 떨어질 줄 몰랐다. 두 사람이 지켜보는 가운데 그 우아한 동물은 거대한 물줄기를 한 차례 뿜어 보이고는 저 깊은 바다 속으로 사라져버렸다. 조안의 심장은 그 고래와 같이 아래로 철렁 내려앉는 듯 했다. 그 순간 그녀는 고래가 영영 사라졌다고 생각했다. 그러나 숨 막히도록 길기만 한 몇 초가 흐른 후, 고래는 다시 떠올랐다.

그 웅장한 포유동물이 대양의 물살 위를 가르며 미끄러지듯 움직이는 모습을 홀린 듯이 지켜보고 서 있던 두 사람의 모습은 마치 해변에 세워진 두 개의 동상처럼 보였다. 엄마도 딸도, 입을 여는 사람은 없었다. 마침내 그 거대한 피조물은 방향을 돌려 엄청난 꼬리로 천둥 같은 소리를 내고 물보라를 일으키며 멀리멀리 헤엄쳐 사라져갔다.

그리고 그녀의 인생에서 최고의 순간이 이어졌다. 조안은 엄마의 옆으로 다가가 한 팔로 엄마의 허리를 감싸 안았다. 조안은 엄마가 조금은 놀란 듯 하면서도 너무나 기쁜 얼굴로 자신을 감싸 안으며 꼭 껴안아주던 그 순간을 생생하게 기억하고 있다. 두 사람은 평화로운 침묵 속에서 나란히 서 있었다. 말이 필요 없었다. 서로를 감싸 안은 채 먼 바다로 사라져가는 고래를 쳐다보면서 두 사람은 미소를 나누고, 서로가 전하는 사랑의 온기를 온 몸으로 느끼고 있었다.

화가 잔뜩 난 딸아이의 방문 앞에 서서 조안은 두 손에 얼굴을 묻고 울음을 터뜨렸다. 두 사람을 갈라놓고 있는 침묵의 벽은 수년 전에 조안의 엄마와 함께 나누었던 그 평화로운 침묵과는 너무나도 달랐다. 리애너가 이렇게 멀어지게 할 만한 일이 무엇이 있었을까? 어떻게 해야 이 침묵의 벽을 허물어버리고, 산산조각난 모녀의 관계를 다시 세울 수 있을까?

차를 타고 해변으로 가는 내내, 조안은 이런 저런 생각을

평화로운 침묵이 전하는 사랑의 온기

하며, 괴로워하다가 기도하다가를 반복했다. 목적지에 도착하자 조안은 차 문을 열고 밖으로 나갔다. 그녀의 기억에 남아있는 그대로, 그 해변은 여전히 아름다웠다. 조안은 크게 숨을 들이마셔 차갑고 촉촉한 공기를 가슴 가득 받아들였다. 오래 전 여행의 기억이 새삼 떠올랐다. 하지만 조안의 즐거운 추억은 리애너의 거친 음성에 뿔뿔이 흩어지고 말았다.

"이런 데로 데려오다니 정말 미치겠네. 추워 죽겠잖아! 이번 봄방학은 완전히 망쳤어! 일주일 내내 추운 해변에서 지내야 한다니."

틀린 말은 아니었다. 날은 추웠다. 마치 두 모녀의 관계처럼 그렇게 추웠다. 두 사람 사이에 감도는 침묵만큼 차가웠다.

리애너는 얼굴을 찡그렸다. 매서운 얼굴로 파란색 점퍼의 지퍼를 잠그고, 두 손을 주머니에 찔러 넣었다.

"산책이나 갔다 올게. 그러면 몸이 좀 풀릴지도 모르겠네."

조안은 쿵쿵 소리를 내며 멀어지는 리애너를 바라보았다. 리애너가 한 발짝 한 발짝 내딛을 때마다 둘 사이에 놓인 벽은 점점 높아가고 있었다.

두 시간 여 애쓴 끝에 조안과 샘은 야영 준비를 마쳤다.

"리애너 봤어요?"

조안이 물었다.

"두 시간 넘게 안 보이는 것 같은데요."

"괜찮을 거요. 혼자 조용한 시간을 갖고 싶은 모양이지."

"혼자만의 시간이라면 요즘 들어 질리도록 많이 가져본 걸요. 찾으러 가볼래요."

조안은 재킷의 앞섶을 단단히 여미고 회색빛 해안가를 따라 걸었다. 촉촉한 바람은 상쾌하게 기운을 돋우어 주었다. 기억하고 있던 그대로였다. 하지만 팽팽한 관계가 주는 긴장 감은 여전했다. 조안과 리애너 사이에서 자라고 있던 그 긴장감은 사라지지 않고 있었다. 조안은 체념의 한숨을 내쉬고 바닷가를 따라 터벅터벅 걸었다.

한 30분쯤을 걷고 나니 조금씩 걱정이 되기 시작했다. 리애너가 다치기라도 한 것은 아닐까? 집으로 돌아가려고 지나가는 차를 잡아타기라도 한 것은 아닐까? 그러다가 납치라도 당한다면? 조안은 자기도 모르게 걸음을 재촉했다.

평화로운 침묵이 전하는 사랑의 온기

"리애너!"

조안은 크게 외쳤다.

"리애너, 어디 있니?"

돌아오는 것은 침묵뿐이었다.

조안은 해변가를 구석구석 살펴보았다. 왼쪽에는 거대한 바다가, 오른쪽으로는 깎아지른 듯한 절벽이 있었다. 조안은 절벽을 따라 올라가는 좁은 오솔길 하나를 발견했다.

조안은 서둘러 가파른 오솔길로 접어들었다.

"리애너!"

그리고 숨이 차 헐떡이는 목소리로 크게 외쳐 불렀다.

"리애너! 내 목소리 들리니?"

조안은 걸음을 멈추고 귀를 쫑긋 세운 채 절벽을 훑어보았다. 저 높은 곳에서 얼핏 파란색이 눈에 들어왔다.

"리애너! 너 거기 있니?"

무성한 나무 숲 뒤쪽에서 또다시 파란색 뭔가가 흔들리는 모습이 보였다. 하지만 뭐라 대꾸하는 소리는 들리지 않았다. 조안은 그쪽으로 허둥지둥 뛰어갔다. 리애너가 맞다면

무슨 일 때문에 대답을 하지 않는 것일까? 온갖 끔찍한 상상이 머릿속에 떠올랐다.

그녀는 마지막 힘을 다해 나무가 우거진 곳으로 뛰어 들어갔다. 숨이 턱까지 차 올라 손을 가슴에 대고 숨을 골라야 했다. 그때 리애너의 모습이 눈에 들어왔다.

"리애너! 괜찮니? 어디 다치기라도 한 줄 알았다."

리애너는 절벽 끝에 서서 손가락을 입술에 대어 보였다. 게다가 그녀는 아래쪽에 있는 뭔가를 열심히 들여다보고 있었다.

"쉿!"

리애너가 속삭였다. 장난스런 미소가 얼굴에 가득했다. 몇 달 만에 처음 보는 딸아이의 미소였다.

"이리로 와봐, 엄마."

리애너가 속삭이며 자기 옆으로 오라고 손짓했다.

"여기로!"

조안은 절벽 끝으로 기어가 아래를 내려다보았다. 저 아래로, 절벽에서 튀어나온 바위 위에 지푸라기와 나뭇가지로 만들어진 커다란 새둥지가 보였다. 그 안에는 네 개의 하늘색 알이 있었다. 보통 달걀보다 훨씬 더 컸다. 지름이 족히 7cm 는 넘어보였다.

"지금 부화하려는 것 같아."

리애너는 흥분에 찬 목소리로 말했다.

"움직이는 게 보여. 그리고 안에서 짹짹거리는 소리도 이따금 들리거든. 껍질을 쪼는 소리도 들리고."

리애너가 손으로 위쪽을 가리켜 보였다.

"어미 새는 저기 저 위에 있는 나무에서 지켜보고 있어."

조안은 고개를 들어 위를 보았다. 어린 시절 보았던 낯익은 새가 있었다. 1m가 넘는 키에 특유의 S자 목과 밝은 노란색 부리를 가진 청회색 새였다. 어미 새는 아기 새들이 그동안 자라왔던 껍질을 깨고 벗어나려 몸부림을 치는 모습을 묵묵히 바라보고 있었다.

"오, 아가. 저건 왜가리라고 하는 새야. 정말 굉장한 녀석이지. 우리 가족이 이곳으로 휴가를 오면 가문비나무 숲에서 이런 둥지를 몇 개 본 적이 있단다. 하지만 땅에서 쳐다볼 수

평화로운 침묵이 전하는 사랑의 온기

있을 뿐이었지 이렇게 안을 들여다 본적은 없었어."

조안이 조그맣게 말했다.

리애너와 조안은 쩍쩍 딱딱거리는 소리가 들리는 알을 뚫어져라 쳐다보았다. 가장 활발한 움직임을 보이던 알에서 갑자기 작은 부리 하나가 불쑥 나왔다.

"엄마, 저기!"

리애나가 흥분해서 소리쳤다.

"알이 깨졌어. 정말 너무 예쁘고 아름다워!"

탄생의 경이로움 앞에서 엄마와 딸은 무엇에 홀려 못이 박힌 듯 꼼짝도 않고 있었다. 두 사람은 네 마리 아기 왜가리가 각자의 알에서 나오는 모습을 지켜보았다. 축축하게 젖은 깃털을 가진 아기 새들은 그 작은 눈을 천천히 뜨며 환한 빛에 적응해가고 있었다. 두 마리는 다리로 일어서려고 노력하기도 했다. 하지만 후들거리는 다리는 곧 주저앉고 말았다. 리애너는 천천히 엄마의 옆으로 다가가 한 팔로 엄마의 허리를 감싸 안았다. 조안은 놀란 얼굴로 딸아이를 쳐다보았다. 하지만 리애너는 아무 말도 하지 않았다. 그저 미소 지으며 엄마를 꼭 껴안을 뿐이었다. 조안 역시 한 팔로 리애너를 감싸 안아주었다. 엄마와 딸은 평화로운 침묵 속에 나란히 서 있었다. 말이 필요 없었다. 새로운 세상에 적응해가는 아기 새들을 바라보며 미소를 나누고, 서로를 감싸 안은 채 서로가 전하는 사랑의 온기를 온 몸으로 느끼고 있었다.

　조안은 생각했다. '이런 침묵이라면 얼마든지 좋아.' 조안은 고개를 들어 머리 위에 있는 어미 왜가리를 보았다. '어미 새야, 이렇게 때를 기다리기만 하면 우리 아기들은 자기 길을 찾아내는 구나.'

Chapter 3

엄마도 기억나죠

당신의 모습과 이름이 내 손안에 새겨져 있습니다.

그 무엇도 당신에 대한 나의 지극한 사랑을 가로막지는 못합니다.
당신은 나를 떠나지도, 버리지도 않으시리란 것을 압니다.
당신의 진실한 사랑은 나의 천 가지 과실을 덮어줍니다.

가족에게 새 힘을 주는 세상의 모든 어머니에게

포옹에 담긴 사랑의 순전함

삶은 영원히 가르치고, 어머니는 영원히 배웁니다. 때로 우리는 정말 중요한 가르침을 어린아이에게서 배우기도 합니다.

솔직해집시다. 어머니로서의 삶이 언제나 평탄하고 쉬운 것만은 아니지요. 아무리 슈퍼 아내, 슈퍼 시민, 슈퍼 친구, 슈퍼 엄마가 되려고 노력해도, 언제나 완벽하게 모든 일을 해내지는 못합니다. 자녀의 삶에 모든 것을 다 투자하고 있다고 하지만 시댁, 형제자매, 부모님, 친구, 그리고 남편과도 얽히고설켜 지내야 합니다. 때로는 다른 사람과의 관계가 복잡하고 곤란해지는 경우도 있습니다. 불행히도 우리 아이들에게 성공한 관계만 보여줄 수는 없는 법이지요. 아이들은 우리가 실패한 관계도 목격하게 됩니다.

아이들은 우리의 가르침과 상반되는 것을 듣고 보게 될 수도 있습니다. 그 작은 레이더망은 그들이 사랑하고 의지하는 사람들 사이의 관계에 초점이 맞추어져 있습니다. 그래서 그 관계가 어긋나게 될 때, 아이들의 순진하고 정직한 마음이야말로 우리

가 익히 알고 있던 진실을 우리에게 다시 되새겨 줄 수 있습니다. 때론 아이들이 우리의 스승이 되기도 합니다.

현명한 어머니는 아이들의 마음에 자신의 레이더를 맞추고, 그 안에 잠자고 있는 가르침에 귀를 기울입니다. 아이들이 장난 감을 가지고 빈둥거리는 모습을 쳐다보면서 삶의 속도를 늦추고, 나의 인내심을 시험하는 것만 같은 남편과 커피 한 잔을 나누며 삶을 즐기는 법을 배울 수 있습니다. 올챙이를 발견하고 경이로움에 몸을 떨며 즐거워하는 아이의 마음을 나누며 오랜 친구들의 삶 속에서 새로운 보물을 발견할 수 있게 됩니다. 아이들의 포옹에 담긴 사랑의 순전함을 경험하면, 우리 가슴은 잃었다고 생각했던 사랑을 다시 세울 수 있는 가능성에 문을 열게 됩니다.

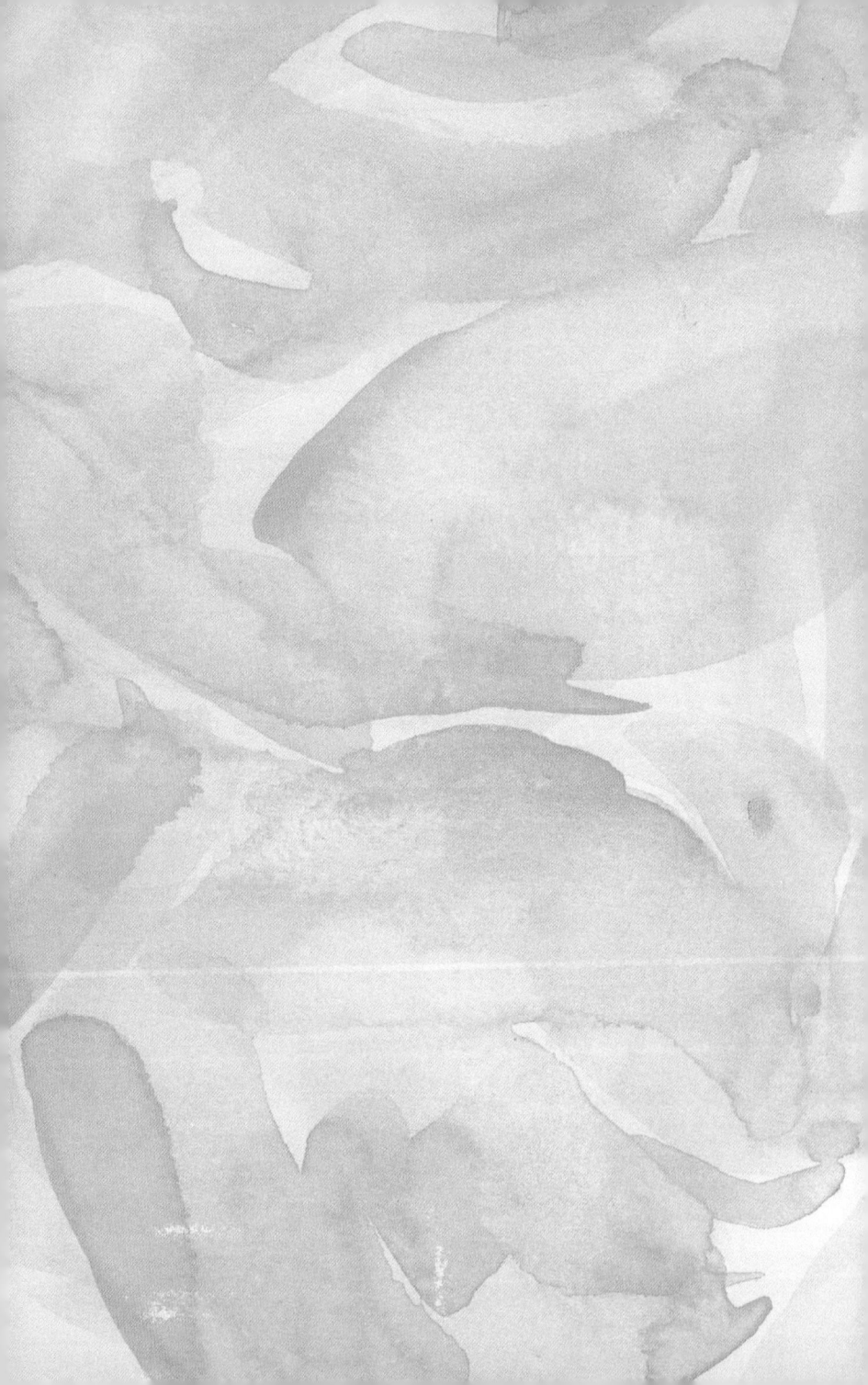

아이를 키워본 사람이라면
사랑이 인간 존재를 가능하게 해주는 생명의 체액이라는 사실을
단 한 차례도 의심하지 않을 것입니다.

스마일리 블랭톤

생애 가장 행복했던 날의 기억

미건은 은빛 사진틀을 작은 가슴에 꼭 껴안았다. 남아있는 유일한 기회는 이것뿐이었다. 이게 성공하지 못한다면 다음에는 어떤 방법을 써야 할지 알 수가 없었다.

가족 중에 그 일을 기억하고 있는 사람은 미건뿐인 듯 했다. 물론 어쩌면 로비도 기억하고 있는지 모른다. 하지만 그 아이는 너무 어려서 상황을 이해하지 못할 게 분명했다. 이제 겨우 세 살이니 말이다. 미건은 그보다 훨씬 더 컸다. 여섯 살이었다.

미건은 엄마, 마리안느에게 계산대에 혼자 가서 자기가 산 것을 직접 계산하겠다고 했다.

평상시 같았으면 엄마는 수백만 개의 질문을 퍼부었을 터였다. 하지만 오늘은, 오늘 뿐 아니라 요 며칠 동안 내내 엄마는 평소와 달리 어수선한 상태였고, 마음은 늘 딴 데 가 있었다.

미건은 이해했다. 미건의 마음 역시 딴 데 가 있기는 마찬가지였다. 미건은 사흘 전 한밤중에 엿들었던 엄마와 아빠의 다툼을 떠올렸다. 엄마와 아빠는 미건이 듣고 있다는 사실을 모르고 있었다. 하지만 미건은 한마디도 놓치지 않고 모두 듣고 말았다. 그리고 빠끔히 열린 문틈으로 엄마와 아빠가 어떤 행동을 하고 있었는지도 모두 보았다.

엄마와 아빠가 그런 식으로 서로에게 말하는 것을 본 것은 처음이었다. 두 사람은 화를 내며 나쁜 말을 했다. 서로에게 소리도 질렀다. 그것도 아주 크게 말이다. 화가 머리끝까지 난 엄마가 갑자기 결혼사진을 집어들더니 맞은 편 벽에다 힘껏 던져 버렸다. 액자는 벽에 부딪치고 바닥에 떨어져 쨍그랑 깨져 버렸다. 유리는 산산이 흩어졌고, 예쁜 은빛 틀도 부서져 버렸다. 엄마는 바닥에 떨어져 있던 사진을 집어들고

엄마도 기억나죠

한 가운데를 쭉 찢어버렸다.

"이젠 더 이상 못 참아."

엄마가 소리쳤다.

"다 끝났어. 우리 결혼은 이걸로 끝이야."

미건의 아빠도 씩씩거리고 나가면서 소리쳤다.

"좋아! 내가 나가지! 내 일거수일투족 하나하나를 못마땅해 하고 잔소리하는 당신한테는 나도 질렸어. 뭘 제대로 할 수가 없다구! 애초에 뭘 해보겠다고 한 내가 바보지!"

그리고 아빠는 방 밖으로 뛰쳐나가며 등 뒤로 문을 세게 닫아 버렸다. 곧이어 자동차 시동 걸리는 소리가 들렸다. 아빠가 가버렸다는 것을 알 수 있었다.

엄마는 바닥에 털썩 주저앉아 흐느껴 울었다. 그리고 부서진 액자를 주워들고 다시 맞춰보려 애썼다. 하지만 소용없었다. 돌이킬 수 없을 정도로 온통 휘고 깨져 있었다. 엄마는 깨진 유리조각을 쓸어서 버리고, 액자의 틀과 찢어진 사진을 거실 오디오 장 안에 집어넣었다.

"이제 그만 너를 잊어버리는 게 좋을 것 같구나."

엄마는 속삭이듯 말하고는 슬픈 발걸음을 침실로 옮겼다. 하지만 침실 문을 닫기 직전에 뒤로 돌아 오디오 장을 한 번 더 쳐다보는 엄마의 눈빛은 너무나도 간절했다. 어느새 엄마의 뺨을 타고 눈물방울 하나가 도르르 흘러내렸다.

엄마가 잠자리에 든 후, 미건은 까치발로 조심조심 오디오 장으로 다가가 문을 열고 부모님의 사랑의 잔해들을 그러모았다. 미건은 그것들을 제 방으로 가져가 침대 밑에 있는 비밀 상자 안에 넣어 두었다. 그것들을 어떻게 할 것인지는 미건도 아직 몰랐다. 하지만 적어도 그것들이 오디오 장 속에 그런 식으로 처박혀 있어서는 안 된다고 생각했다. 그런 식으로 잊혀져서는 안 되는 것이었다.

미건의 아빠는 벌써 여섯 달 동안이나 직장을 얻지 못해 쉬고 있는 터였다. 은행에서 일하는 엄마의 수입만으로는 생활에 필요한 이런저런 경비들을 다 충당할 수가 없었다. 돈이 부족할 때면 엄마, 아빠는 우울해하고, 서로 뚱하게 지냈다. 하지만 지난밤은 그저 뚱한 정도가 아니었다. 아무래도 그 사랑을 잠시 잊어버린 것 같았다. 엄마, 아빠가 서로 사랑한다는 사실을 깜박 잊어버릴 수 있다면, 미건과 로비를 사랑한다는 것도 얼마든지 잊어버릴 수 있는 일이었다. 미건은 두려웠다. 엄마가 기억을 되살리도록 해야만 했다.

"이 액자는 보이지 않는 봉지에 넣어주세요."

미건은 공손하게 계산대 너머에 서 있는 점원에게 부탁했다.

"엄마에게 줄 깜짝 선물이거든요."

"엄마가 정말 좋아하시겠구나."

점원는 조그만 목소리로 친절하게 말했다.

미건은 까치발을 딛고 그녀 쪽으로 몸을 기울이며 작게 속삭였다.

"이걸로 엄마가 아빠를 사랑하고 있다는 걸 기억해내도록 도와줄 생각이에요."

집에 도착하자마자, 미건은 자기 방으로 뛰어 들어가서 문을 잠갔다. 액자를 침대 위에 꺼내놓고, 비밀 상자를 찾아 가져왔다. 미건은 찢어진 사진을 꺼내놓았다. 그리고는 서랍 속의 스카치테이프를 가지고 다시 침대로 돌아왔다. 작업을 위한 공간을 충분히 확보하기 위해 미건은 침대 한 가운데에 널찍하게 자리를 잡고 앉았다. 제일 먼저 신중에 신중을 기해 찢어진 사진을 맞추고 앞면과 뒷면 모두 스카치테이프를 붙여 원래 모습을 되찾았다. 그리고 새로 산 액자의 뒷면을 열었다. 잘 맞춰 붙인 사진을 유리면에 엎어놓고는 그 뒤에 마분지를 얹고 걸쇠로 고정시켰다.

"다 됐다!"

미건은 액자를 이리저리 살펴보면서 꼼꼼하게 검사했다.

"제발 기억해내 줘, 엄마."

미건은 액자를 조심스레 원래 담겨 있던 쇼핑백에 담고 침대 밑에 밀어 넣어 두었다.

그날 저녁 미건, 로비, 그리고 엄마는 평상시 토요일 저녁과 마찬가지로 미트 로프(다진 고기, 계란, 야채를 섞어 덩어리로 구운 음식 – 역주)를 먹고, 디저트로 바나나 푸딩을 먹었다. 미건이 기억하는 한 가족의 토요일 저녁은 언제나 이와 같았다. 평소의 주말과 달리 한 가지 빠진 것이 있다면 그건 아빠뿐이었다. 자, 이제 계획을 실행에 옮길 때가 되었다.

"엄마, 내가 태어났던 날 기억나요?"

"그럼, 엄마 생애 최고의 날이었지. 엄마의 엄마도 그때 함께 계셨고, 엄마의 할머니도 함께 계셨단다. 그리고 레이첼 이모도 있었어."

"내가 맨 처음 걸음마를 했을 때도 기억해요?"

"미건, 그 이야기는 벌써 100번도 넘게 해주었잖니."

"알아요. 하지만 또 듣고 싶은 걸요."

"그래, 좋아. 그때 아빠랑 엄마는 여행 중이었어. 그리고 집에 도착했을 때, 미건 너는 우리를 보고 너무나 흥분해서는 생애 첫 걸음을 떼었단다. 엄마와 아빠 사이를 왔다 갔다 했어."

엄마는 고개를 흔들어 떠오르는 추억을 물리쳐버리고는 미건을 쳐다보았다.

"이 정도면 충분히 되돌아봤지? 이제는 상을 치우자."

"잠깐만요, 엄마. 엄마한테 드릴 깜짝 선물이 있어요."

"나도 엄마 깜짝 선물 보고 싶어."

로비가 꽥 소리를 질렀다.

"좋아, 로비. 너도 봐. 하지만 잠깐 기다려야 돼."

미건이 단호하게 말했다.

"깜짝 선물?"

엄마는 영문을 모르겠다는 얼굴로 되물었다.

"네. 눈을 감고 계세요. 제가 가지고 올 동안요."

미건은 한달음에 방으로 달려가서 두 손을 등 뒤로 감추고 돌아왔다.

"좋아요, 이젠 눈 떠도 돼요."

엄마가 두 눈을 뜨자, 미건은 갈색 종이 봉지에 싸인 물건을 내밀었다.

"여기요, 엄마. 이걸 보면 엄마가 기억을 되살리는 데 도움이 될 거에요."

"기억을 되살리는데 도움이 된다고?"

엄마는 미건의 선물을 꺼내면서 물었다.

"뭘 기억하는 데 도움이 된다는 거니?"

엄마는 액자를 뒤집으며 숨을 헉 들이마셨다. 두 눈에 눈물이 가득 고인 채 엄마는 손으로 입을 가렸다.

"미건, 어떻게…… 도대체 이걸 어디서……."

"아까 바비 인형 살 돈으로 산거예요."

"인형 사려고 모은 돈으로 이 액자를 산거니? 엄마를 주려고? 정말 기특하구나!"

"엄마, 그걸 보면 다시 기억날 거예요. 엄마와 아빠가 결혼하던 날 말이예요. 엄마가 아빠를 사랑하고 있다는 것도 기억나게 해줄 거고요. 엄마가 아빠를 사랑하고 있다는 걸 난 알아요. 그리고 엄마랑 아빠랑 서로 사랑한 걸 난 똑똑히 기억해요. 엄마도 기억나요? 자꾸 기억하려고 노력해보세요. 그럼 기억날 거예요. 기억나죠?"

그때 누군가 현관문을 크게 두드리는 소리가 들렸다.

엄마가 어리둥절한 얼굴로 앉아 있는 사이, 미건은 현관문으로 달려 나가 불을 켜고 발꿈치를 들어 창문 밖을 내다보았다.

"아빠예요!"

미건은 목청 높여 소리 질렀다. 그리고 문을 열고 달려 나가 아빠의 품 안으로 뛰어들었다.

"아빠, 기억난 거죠? 기억난 거죠?"

"뭐가 기억났다는 거지?"

아빠는 미건을 사뿐히 바닥에 내려 세우며 말했다.

"아빠가 엄마를 사랑하고 있다는 걸 기억해냈잖아요?"

마리안느는 조용히 남편에게 다가왔다. 그리고 새 액자에 얌전히 끼워져있는 기워 붙인 사진을 내밀었다.

"미건이 우리가 결혼하던 날을 기억할 수 있게 도와주고 있었어요. 그래서 난 당신을 사랑하고 있다는 걸 기억해냈구요."

드디어 아빠의 얼굴에 무슨 말인지 알겠다는 듯한 표정이 떠올랐다. 아빠는 사진을 받아들었다. 아빠의 두 눈에도 눈물이 가득 고였다.

"미건, 이걸 다 고쳐 놓은 거니?"

"네. 엄마랑 아빠를 위해서 내가 했어요. 바비 인형을 사려고 모아놓았던 돈으로 새 액자도 사구요. 엄마와 아빠가 결혼하던 날을 기억해내면 서로에 대한 사랑도 기억해내실 거라고 생각했어요."

"정말 다 기억이 나는구나."

미건의 아빠는 마리안느의 반짝이는 눈을 들여다보며 말하고 있었다. 그가 아내의 허리에 한 팔을 두르자 아내 역시 순순히 그의 품에 안겼다.

"저도 기억나요, 로버트. 그날은 내 생에서 가장 행복한 날이었어요."

마리안느와 로버트는 서로 껴안고 있던 한 쪽 팔을 풀어 로비와 미건이 들어올 공간을 만들었다.

"너희 둘도 이리 오렴."

마리안느가 말했다.

"우리 모두 이 순간을 아주 오랫동안 기억하게 될 것 같구나."

엄마도 기억나죠

Chapter 4

기다림 뒤에 찾아 온
행복의 그림자

믿음이 흔들릴 때마다
당신은 점점 더 강인해지셨습니다,

나날이 맞이하는 온갖 수고로움 속에서도
기쁨을 찾으셨습니다.
가족이 눈앞의 시련을 헤쳐나갈 수 있도록
지혜를 아낌없이 나누어 주셨습니다.

가족에게 항상 새 힘을 주는 세상의 모든 어머니에게

상처를 치유하는 어머니의 말

이런 속담을 들어본 적이 있을 것입니다. "나뭇가지와 돌로는 뼈를 부러뜨릴 수 있지만, 말로는 상처를 입힐 수 없는 법이다." 이 말은 가슴 아픈 말 때문에 받는 상처를 최소한으로 축소시켜보려는 의도이거나, 모욕적인 말을 하는 사람들이 별거 아니라고 여기기 위해 나온 말일 것입니다. 하지만 아무리 이 속담을 되뇌어 보아도, 우리는 사실 그렇지 않다는 것을 너무나 잘 알고 있습니다. 말은 우리에게 깊은 상처를 줍니다.

하지만 동시에 말에는 치유의 능력이 있습니다. 친절한 말은 상처 입은 영혼에 주는 고약입니다. 위로와 격려의 말은 패배와 좌절의 고통을 덜어줍니다. 사랑의 말은 만족과 안정을 불어넣어 주어 인생의 거친 비바람 속에서도 견딜 수 있도록 해줍니다.

어머니, 당신의 말은 이 세상에서 가장 강력한 효과를 지니고 있습니다. 어머니, 당신의 말은 아픈 마음을 낫게 하고, 어려움을 이기게 하는 힘을 가지고 있습니다.

자녀와 어머니가 나누는 유대감처럼 위대한 것은 이 세상에

없습니다. 손으로 만질 수도 없이 막연하고 신비스럽기만 하지만, 알고 보면 그 유대감은 일상생활 속에서 일어나는 소소한 상호작용의 결과입니다. 손을 잡아주고, 상처에 키스해주고, 이야기를 읽어주고, 밤늦도록 안아주고, 얼러주고, 아이의 조잘거리는 소리에 귀를 기울여 주고, 아주 작은 일에도 격려를 아끼지 않고 환호성을 질러 주는 일들의 결과인 것입니다. 이런 유대감은 해를 거듭하면서 크게 자라 성숙해지고 그 안에서 자녀의 마음속 깊은 곳에 있는 필요와 욕구를 인식하게 되고 알아차리게 되는 능력을 얻게 됩니다. 이런 유대감은 자녀에게 무슨 말을 언제 해줘야 할지 알게 하는 통찰력을 길러 줍니다.

어머니의 말이 가진 위력을 생각하면 처음에 말한 옛속담은 이렇게 바뀌어야 할 것 같습니다. '삶은 비정하고 때로는 불안정하기 그지없지만, 말은 그 모든 상처를 치유해 줄 수 있다.'

이른 나이부터 아이들 스스로 생각하도록 가르쳐주세요.
그래야 나중에 정말로 어렵고 힘든 결정을 내려야 할 때,
엄마가 곁에 있을 수 없어도
아이가 어떻게 해야 할지를 스스로 알게 됩니다.

폴 포크너

마차가 호박으로 바뀌기 전의 깨달음

로리 마셜의 딸은 동화 속에서 막 뛰쳐나온 공주의 모습을 하고 서 있었다.

"오, 얘야, 정말 멋지구나. 우리 아가가 결혼을 한다니 믿을 수가 없어. 정말 아름다운 신부가 되겠다."

"엄마, 나도 마음에 들어요."

미리암은 빛나는 얼굴로 말했다.

"이렇게 태피터(호박단—역주) 치마를 입으니 신데렐라가 된 것 같아."

그 아름다움에 신부인 미리암도 놀라고 있을 정도였다. 하지만 로리의 마음 속에는 먹구름이 피어오르고 있었다. 과연

이 결혼이 미리암의 모든 꿈을 이루어줄 수 있는 것인지에 대해 확신이 서지 않았던 것이다.

"디자이너들이 드레스를 아주 잘 맞췄어요."

미리암은 기쁜 얼굴로 말했다. 로리 역시 기쁜 얼굴로 딸을 대하려고 애썼다.

미리암은 누구보다도 영리하고 열정적인 아가씨였다. 그렇지만 그녀와 결혼할 마커스는 특별한 포부가 없어 보였다. 하지만 그런 문제라면 이렇게까지 고민스럽지도 않았을 것이다. 문제는 과연 미리암이 마커스를 진정으로 사랑하고 있기는 하는지였다. 그런데 로리의 마음속 목소리는 그렇지 않다고 말하고 있었다. 때로 로리는 미리암이 앞으로 결혼할 남자를 사랑한다기보다 그저 사랑에 빠졌다는 느낌 자체를 더 사랑하고 있는 것이 아닌가 걱정이 되었다.

"어디, 머리장식하고 잘 어울리는지 보자. 베일을 한번 써 보렴."

로리는 애써 아무렇지도 않은 듯 말했다.

결혼식은 3주 앞으로 다가와 있었다. 신부 들러리의 드레스도 내일이면 완성될 것이다. 연회도 예약해 놓았다. 식장을 장식할 꽃들도 정해졌고, 청첩장도 발송되었다.

"엄마, 고마워요."

미리암은 두 팔을 크게 벌려 엄마를 꼭 안으며 말했다.

'미리암, 내가 속으로 무슨 생각을 하고 있는지 안다면 그렇게 생각하지 못할 거다.' 로리는 아무 말 없이 따스한 미소를 딸에게 지어 보였다. 마커스에 대해서 불길한 느낌이 드는 것을 어떻게 대처해야 할지 오랫동안 생각에 생각을 거듭했고, 기도에 기도를 거듭해 왔다.

미리암은 독립적이고 의지가 강한 아이였다. 그런 딸아이와 정면충돌해보아야 서로 감정만 상하고 둘 사이에 오래도록 남을 상처만 입게 될 것이란 사실을 로리는 잘 알고 있었다. 하지만 미리암은 대단히 지적이고 자신을 잘 아는 아이이므로 충분한 시간을 갖고 생각한다면, 혼자서도 진실이 무엇인지 금새 알아낼 수 있을 것이다. 로리는 그저 딸아이가 충분한 시간을 갖게 되기만을 바랄 뿐이었다.

미리암과 결혼식에 쓸 음악을 함께 고르면서 로리의 막연

한 불안은 걱정으로 변해버렸다.

"얘야, 네가 마커스에 대해 어떻게 생각하는지를 표현한 그런 노래는 없는 것 같니?"

"아직 딱 맞는 걸 못 골랐어요, 엄마. 좀더 노래를 들어보도록 할게요."

하지만 로리는 자신의 질문이 미리암의 마음속 깊은 곳에 있는 뭔가를 건드렸고, 그 질문이 딸아이 마음속에서 메아리치고 있다는 것을 알고 있었다.

이것이 로리가 할 수 있었던 전부였다. 결혼식을 준비하는 몇 달 동안, 로리는 계속해서 은근한 질문들을 던지며 딸아이가 스스로 상황을 정확하게 보게 되기를 원했다. 로리는 그동안 기회가 닿을 때마다 딸아이에게 평소에 늘 말해주었던 가르침을 확인하는 질문을 던졌다.

"엄마가 늘 말했지? 결혼서약에 '네'라고 답하기 전까지는 언제라도 되돌릴 수 있단다. 하지만 일단 서약을 한 다음에는 죽음이 둘을 갈라놓을 때까지 서로에게 온 마음을 다해 헌신해야 해."

최근에는 이런 말도 덧붙였다.

"얘야, 엄마가 진심으로 하는 말이야. 결혼 준비를 하느라 돈을 얼마나 썼느냐, 계획을 세우느라 얼마나 고생했느냐는 전혀 상관없단다. 만약 혹시라도 이 결혼이 네가 진심으로 원하는 게 아니라고 생각이 들면 언제든지 말하렴. 얼마든지 괜찮아."

로리와 미리암은 웨딩드레스 가봉을 마치고 집으로 돌아오는 길에 결혼식에 참석하기 위해 찾아오는 친척들을 어디서 묵게 할 것인지에 대해 이야기를 나누었다. 그러나 미리암의 마음은 자꾸만 어디론가 멀어지고 있는 듯 했다.

"미리암, 방금 내가 한 말을 못들은 모양이구나?"

로리가 부드러운 어투로 말을 재촉했다.

"지금 무슨 생각하고 있는 거니?"

"아, 마커스에 대해 생각하고 있었어요. 이번 주말에 그의 부모님 집에 찾아가 함께 지내자고 했거든요."

"그래, 잘됐구나, 얘야. 마커스나 너에게 함께 할 수 있는 좋은 시간이 될 거다. 그동안 나랑 같이 결혼 계획을 세우느라 마커스에게 소홀했잖니. 아마 널 무척 보고 싶어 하고 있을 게다. 게다가 마커스의 부모님을 더 잘 알 수 있는 좋은 시간도 되겠고."

"하지만 엄마, 사실은 별로 가고 싶지 않아요. 그냥 집에서 쉬고 싶어."

"어째서? 마커스의 부모님과 같이 지내는 게 내키지 않아서 그러니?"

"아니요, 그게 아니고…… 실은, 마커스랑 같이 있는 게 별로…… 내키지 않는 거 같아."

로리의 마음속 모든 것들이 지금이야말로 하고 싶은 이야기를 해야 할 기회라고 외치고 있었다. 미리암에게 스스로를 돌아볼 수 있게 해주는 질문을 던져주어야 할 때였다.

"그래, 미리암, 그렇게 같이 있고 싶은 생각이 별로 안 드는 사람인데, 어째서 그 사람하고 결혼을 하고 싶은 거니?"

"잘 모르겠어요, 엄마. 지금 같아서는 내가 뭘 원하는지도 모르겠어요."

"뭘 원하는지 모르겠다고, 미리암?"

"어쩌면 나…… 마커스랑 결혼하기를 원하지 않는 것 같아요!"

로리는 차를 도로변에 세웠다. 그리고 딸의 눈을 들여다보며 진심을 털어놓았다.

"미리암, 실은 엄마도 네가 마커스와 결혼하는 것을 원하지 않는단다!"

미리암은 엄마의 품에 안겼다. 두 사람은 한동안 서로를 꼭 안아주었다.

"마커스와 결혼을 원하는 게 아니라는 사실을 어떻게 알게 되었니?"

"아마 엄마의 질문들 때문이었던 것 같아. 엄마는 나 혼자서는 생각도 못했을 것들을 생각하게 만들어 주었어요. 나를 억지로 몰아붙이거나 협박하지 않고도 그렇게 해주셨죠. 억지로 밀어붙이는 일을 내가 제일 싫어한다는 걸 엄마는 잘 알고 있으니까."

로리는 미소 지었다. 물론 잘 알고 있었다.

"넌 영리하잖니. 난 네가 시간만 충분하다면 조만간 알아

차리리라고 믿고 있었단다."

미리암은 뺨에 흘러내린 눈물을 훔치며 미소 지었다.

"이젠 기분이 좋아졌어요. 그동안 나를 짓누르던 커다란 짐이 사라진 것 같아요."

그러나 미리암의 얼굴에 걱정스러운 빛이 어렸다.

"하지만 엄마, 불쌍한 마커스는 어떻게 하죠? 그에겐 정말 끔찍한 일이 될 거예요."

"그래, 우리 딸. 아마 무척 힘들어하겠지. 하지만 이렇게 하는 게 옳은 결정이란다. 난 확신할 수 있어."

"오, 엄마! 웨딩드레스는 어떻게 하죠? 꽃이며 출장연회 예약한 건요? 게다가 청첩장! 이미 다 보내버렸잖아요!"

"엄마가 늘 하던 말이 뭐였지?"

"일단 서약을 하고나면 온 마음을 다해서 헌신해야 한다구요."

"그리고 또 다른 것도 있었는데?"

"서약을 하기 전에는 언제라도 결혼식을 취소할 수 있다구요. 하지만 엄마, 엄마와 아빠가 이 일로 너무 많은 돈을 쓰셨잖아요. 게다가 친척들까지 곳곳에서 오시고 계시구요. 모든 걸 다 준비해 놓았잖아요!"

"앞으로 살아갈 날들을 생각해보면 그런 건 전혀 중요한 게 아니란다. 우리 집안은 결혼을 무척 진지하게 받아들인단다. 그런데 난 네가 평생을 함께하기를 원하는 상대가 아닌 사람과 마지못해 결혼하기를 원하지 않는단다."

"그동안 내내 마커스가 내 짝이 아니란 걸 알고 있었던 것 같아요. 하지만 내가 그런 심각한 실수를 했다는 사실을 인정하기가 너무나 어려웠어요. 무슨 일에도 상관없이 나를 사랑해주는 가족이 있다는 걸 잊고 있었나 봐요. 이제 그걸 다시 알게 되어서 너무나 좋아요."

"사랑한다, 우리 공주. 마차가 호박으로 변하기 전에 이 모든 걸 깨달아줘서 정말 고맙구나. 미리암, 너의 멋진 왕자님은 저기 어딘가에서 널 찾아 헤매고 있을 거야. 너의 꿈을 진정으로 이루어주려 기다리고 있을 거야."

Chapter 5

작은 사랑을 주면
더 큰 사랑이

사랑보다 더한 **축복**은 없습니다.
나에 대한 당신의 **끊임없는 사랑**에 비할 것은 없습니다.

내가 세상 빛을 보기도 전에 당신은 나를 생각하고 있었습니다.
당신은 나를 속속들이 알고 내 이름을 친근히 부르는 벗입니다.
내 손을 붙잡은 당신의 손이 내 앞길을 인도합니다.

가족에게 항상 새 힘을 주는 세상의 모든 어머니에게

슈퍼맨과 어머니

어머니의 사랑은 슈퍼맨의 힘과 같은 능력을 가지고 있습니다. 어려움에 처한 자녀를 돕기 위해서라면 단숨에 높은 장벽을 뛰어 넘을 수도 있고, 전력 질주를 할 수도 있습니다. 어려움을 겪는 자녀를 위해서라면 그 어떤 고난이나 어려움도 밀어붙이는 힘이 기관차보다 셉니다. 도움이 필요한 자녀를 위해서라면 총알보다 더 빨리 쌩하고 날아갈 수 있습니다.

하지만 어머니의 사랑의 힘과 슈퍼맨의 힘 사이에는 매우 커다란 차이점이 존재합니다. 슈퍼맨의 힘은 공상으로 만들어낸 가짜이지만, 어머니의 사랑의 힘은 진짜입니다. 슈퍼맨의 힘은 목적을 가지고 있지만, 어머니의 힘은 가족을 위한 맹목적인 힘입니다. 슈퍼맨의 힘은 한계가 있지만 어머니의 힘은 무한합니다.

어머니의 사랑은 자녀가 태어나기 전부터 생겨납니다. 아기가 태어날 것이라는 기대감에 부푼 어머니는 아직 잘 알지도 못하는 그 아이를 사랑하게 됩니다. 그리고 처음으로 아이를 품에 안게 되는 순간에 어머니는 둘 사이가 운명적으로 영원히

이어져 있음을 알게 됩니다.

자녀를 돕기 위해서라면, 인간의 한계를 뛰어넘는 힘을 발휘합니다. 자신의 힘의 원천이 되는 아이를 위해서라면 어머니는 이전에는 불가능하다고 생각했던 일도, 평생 동안 두려워했던 일도 모두 해낼 수 있습니다. 떨리는 두려움은 강한 힘으로 변하고, 공포는 희망이 되며, 슬픔은 사라지고 새로운 기쁨을 찾아냅니다.

혹여 다음에 "저건 새, 저건 비행기, 저건 슈퍼맨이다"라는 대사를 듣거든, 마음속으로 진짜 대단한 힘을 지닌 어머니의 사랑과 견주어보면 그런 슈퍼 영웅은 아무것도 아니라고 생각해주세요. 어머니는 분명 슈퍼맨보다 강한 힘을 가지고 있으니까요.

자녀에게 작은 사랑을 주세요.
그러면 더 큰 사랑을 돌려받게 될 것입니다.

존 러스킨

엄마라고 부르게 해주셔서 감사해요

샬로트는 머리와 모자를 매만지며 뒤로 고개를 돌려 줄지어 늘어선 사람들을 살펴보았다. '제이콥은 어디 있지? 10분 전에 여기 도착했어야 하는데.' 불안한 기운이 엄습해왔다. '침착하자, 샬로트.' 샬로트는 혼잣말을 했다. '이건 별것도 아냐.' 오늘밤 이곳에 오기까지 그야말로 오랜 시간이 걸렸다. 그 여행이야말로 정말 고된 일이었다.

샬로트의 엄마는 대부분의 사람들이 텔레비전으로나 볼 수 있는 그런 사람이었다.

"그만 소리 질러, 이 멍청아!"

엄마의 목소리가 아직도 생생하게 들려왔다. 엄마의 손이 얼굴을 때리던 순간의 아픔도 그대로 느낄 수 있었다. 하지만 샬로트의 뇌리에 무엇보다 뚜렷하게 박혀 있는 것은 엄마의 목소리와 그 말들이었다.

"넌 어쩌면 이렇게 멍청하니?"

엄마의 말은 네 살 배기 샬로트가 이해하기 어려운 경멸과 무시를 가득 담고 있었다. 정확히 그것이 무슨 뜻인지 알지 못했지만 샬로트는 분명히 느낄 수는 있었다.

"넌 커서도 아무것도 못 할 거야. 너 같은 아이는 제대로 배우지도 못할 거다. 넌 멍청하기 짝이 없는 아이야. 그러니 앞으로도 계속 그렇게 멍청하게 살게 되겠지."

샬로트는 엄마의 손찌검이 지워준 고통보다 더 아프고 쓰린 통증을 가슴으로 느끼며 큰 소리로 울었다.

"엄마, 어째서 나한테 그렇게 화를 내는 거예요? 엄마, 사랑해요. 사랑한다구요."

샬로트는 애원했다.

엄마는 다시 손을 치켜 올렸다.

"그만 징징거리라고 말했지. 그리고 엄마라고 부르지 마."

그로부터 며칠 후, 사회복지부에서 남녀 두 명이 샬로트를 데리러 왔다. 샬로트는 그들을 따라가지 않으려 했지만, 그 여자는 샬로트를 번쩍 안아 데리고 가버렸다.

"내려놔요! 이거 내려놓으라고요! 난 엄마랑 같이 있을 거예요!"

샬로트는 소리치며 발길질을 해댔다.

"엄마, 날 데려가지 못하게 해줘요. 엄마, 착한 아이가 될게요. 앞으로는 절대로 울지 않을 게요."

하지만 엄마는 고개를 외면한 채 말했다. 그게 샬로트가 기억하는 엄마의 마지막 모습이었다. 평생을 노력해서 그 말과 그 모습을 기억에서 지워버리려 노력해왔지만 머릿속에 너무도 깊이 박혀 버린 모습이었다.

엄마의 말은 샬로트의 인생을 그대로 한정지어 버렸다. 샬로트는 절대로 똑똑할 수 없었다. 학교 공부는 너무나 어려웠다. 시험을 보거나, 보고서를 쓰면 엄마의 말이 참으로 맞는다는 것이 증명되곤 했다.

샬로트가 지미와 결혼했을 때도 다시 한 번 엄마의 말이 맞는다는 것이 증명되었다. 샬로트는 열일곱 살 때, 고등학교를 중퇴하고 편의점에서 일하고 있던 지미를 만났다. 그의 성격은 쾌활하고 대담했다. 샬로트는 그 점이 마음에 들었다. 자신이 대담한 것과는 거리가 먼 성격이었기 때문이었다. 두 사람은 샬로트가 고등학교를 졸업하고 2주 후에 결혼식을 올렸다.

지미는 편의점에서 번 돈을 모두 술 마시는 데 탕진했다. 하지만 샬로트는 너무나 멍청해서 그 남자를 어떻게 떠나야 할지도 몰랐다. 정작 그 방법을 알아낸 사람은 샬로트가 임신한 사실을 안 지미였다.

"이런 바보 멍청이! 어떻게 임신을 할 수가 있어? 내가 말했지, 난 아이 따위는 원하지 않는다고."

샬로트는 울음을 터뜨렸다. 하지만 지미의 분노는 더욱 격해질 뿐이었다.

"당장 내 눈 앞에서 사라져! 이 멍청아, 샬로트, 넌 멍청이야! 당장 꺼지라고 했잖아!"

샬로트는 두 사람이 지내던 다 쓰러져가는 아파트의 어두운 복도를 비틀거리며 걸어 나가 더욱 어두운 밤거리로 나왔다. 가진 것이라고는 입고 있는 옷가지가 전부였다. 그마저 일하는 레스토랑에서 입고 나온 유니폼이었다. 그녀가 가진 것 중 가장 중요한 것은 오직 하나, 뱃속에서 자라고 있는 아기뿐이었다.

샬로트는 미혼모를 위한 시설에서 아이를 낳았다. 그리고 국가에서 보조금을 대주는 아파트에서 어린 제이콥과 함께 지내게 되었다. 제이콥은 주립 보육원에 갔고, 샬로트는 그 동안 아이스크림과 햄버거 등을 만드는 일을 했다. 그곳에서도 사람들은 샬로트 스스로가 생각하듯 그녀가 멍청하다고 생각했다. 그리고 샬로트는 그들의 생각이 틀리지 않다고 믿었다.

온 세상을 통틀어 단 한 사람만이 샬로트가 멍청하지 않다고 생각했다. 샬로트의 좋은 점만 보는 단 한 사람이 있었다. 그 사랑스럽고 소중한 아이의 눈동자에서는 지미나 엄마의 눈동자에서 보았던 경멸이나 무시하는 눈빛을 전혀 찾아볼 수 없었다. 사랑 가득한 아이의 눈동자를 보면서 샬로트는 이전에는 알지 못했던 희망을 가슴 가득 품을 수 있었다.

그래서 샬로트는 배워야겠다는 결심을 하게 되었다. 무엇 하나 제대로 할 리가 없는 멍청이라 생각하고는 있었지만, 그래도 제이콥의 엄마가 되는 법은 배울 수 있을 거란 생각 이 들었다. 그래서 육아에 관한 책을 읽기 시작했고, YWCA 에서 여는 육아 강좌를 들었다. 다른 엄마들이 어떻게 자녀 를 양육하는지 지켜보았다. 그 엄마들에게서 나쁜 구석이라 고는 전혀 찾아볼 수 없었다. 언제나 미소를 지으며 아이에 게 참 똑똑하다고 칭찬만 했다. 아이에게 엄마라고 부르도록 허락하는 그런 엄마들이었다.

그렇게 샬로트는 배웠다. 엄마가 되는 법을 배우는 중에 샬로트는 다른 것들도 배울 수 있었다. 샬로트는 사무직에서 일하기 위한 직업 교육을 받았다. 과정을 모두 마친 샬로트 는 법률 사무소에서 전화를 받고 서류를 정리하는 일자리를 얻었다. 샬로트는 열심히 일했고, 2년 후에는 사무장으로 승 진했다.

제이콥을 학교에서 데리고 올 때면 샬로트는 아들에게 미

작은 사랑을 주면 더 큰 사랑이

소를 지으며 참으로 영리하고 똑똑하다고 말해주었다. 그리고 사랑한다는 말도 해주었다. 제이콥이 엄마라고 불러주면 너무나 행복하고 좋았다.

제이콥이 대학에 진학하겠다고 선언한 날 오후는 샬로트의 인생을 다시 한 번 완전히 바꾸어 놓는 순간이었다.

"오, 제이콥, 우리 아들 정말 자랑스럽구나. 엄마도 언제나 대학에 가고 싶었단다. 하지만 이루지 못했지. 게다가 엄마는 너처럼 똑똑하지도 않잖니. 이 엄마는 대학 같은 곳에는 절대로 가지 못할 거야. 고등학교 졸업도 간신히 한걸."

"엄마, 무슨 소리를 그렇게 하세요?"

샬로트의 잘생긴 아들이 되물었다.

"엄마는 제가 아는 한 가장 똑똑하고 영리한 분이세요. 제가 낙담했을 때 어떤 말을 어떻게 들려줘야 하는지 항상 잘 알고 계시잖아요. 엄마는 마음만 먹으면 뭐든지 배우실 수 있는 분이예요."

"아니야, 제이콥. 내가 그런 일을 할 수 있었던 건 모두 널 사랑하기 때문이었단다. 너같이 사랑스러운 아이를 사랑하는

일은 머리가 좋지 않아도 얼마든지 잘 할 수 있는 일이거든.”

“엄마.”

제이콥은 샬로트의 어깨 위에 두 손을 얹고 강한 시선으로 엄마의 눈동자를 응시했다. 제이콥의 확신에 찬 목소리가 나직하게 울려왔다.

“엄마가 배우고 싶었던 게 뭐였어요? 그러니까 대학에 가게 된다면 뭘 전공하고 싶으세요?”

샬로트는 아들의 어깨 너머 천장으로 시선을 돌리며 지난 18년간 자신에게 수도 없이 되물었던 그 질문을 다시금 생각해 보았다.

“그건 간단해. 나는 법조계에서 아동문제를 다루는 사람이 되고 싶단다. 엄마의 사랑을 받지 못한 아이들을 돕고 싶거든. 엄마라는 말을 듣고 싶어 하지 않는 엄마를 둔 아이들을 도와주고 싶단다.”

제이콥은 엄마를 끌어당겨 꼭 안아준 후 품에서 엄마를 떼어 내고 그 눈을 똑바로 바라보았다.

“엄마, 나한테 좋은 생각이 있어요.”

"뭐니?"

"엄마, 나랑 같이 대학에 가요."

샬로트는 즉시 말도 안 되는 일이라는 뜻으로 고개를 가로저었다. 하지만 제이콥은 더욱 흥분한 목소리로 말을 이어갔다.

"엄마는 할 수 있어요. 엄마가 할 수 있으리란 걸 전 확신해요."

바로 그렇게 해서 지금 샬로트가 웨스트버리대학 강당에 앉아 학사모를 고쳐 쓰고 푸른색 졸업생 가운을 매만지며 있게 된 것이다. 옆에 빈자리는 제이콥의 자리였다.

'어서 와라, 우리 아들. 빨리 오지 않으면, 너의 졸업식을 놓치게 되잖니. 그리고 이 엄마의 졸업식도.'

샬로트는 다시 한 번 고개를 돌려 강당 뒤에 있는 문을 훑어 보았다. 제이콥이 보였다! 활짝 미소 지은 얼굴로 제이콥은 엄마와 같은 푸른색 가운과 학사모를 쓰고 성큼성큼 걸어오고 있었다. 샬로트는 활기차게 손을 흔들어 보였다.

샬로트는 옆 사람에게 양해를 구하고 까치발로 조심스레

통로로 걸어 나갔다.

"제이콥, 네가 아주 안 오는 줄만 알았다! 왜 이렇게 오래 걸렸니?"

"잠시 어디 좀 들려서 뭘 좀 가지고 오느라고요."

"도대체 뭐가 그렇게 중요하기에 네 졸업식에 늦을 뻔까지 하면서 그걸 챙겼어?"

그제야 제이콥이 한쪽 손을 등 뒤로 돌려 뭔가를 숨기고 있는 것이 눈에 들어왔다.

"등 뒤에 가지고 있는 건 뭐니?"

"이건 특별한 졸업생 한 명을 위한 선물이예요."

제이콥은 짙은 갈색 눈동자를 장난스럽게 빛내며 말했다. 그리고 과장된 몸짓으로 뒤에 감추고 있던 팔을 앞으로 휘둘러 보이며 샬로트가 한 번도 본 적이 없을 정도로 무척 커다란 빨간 장미꽃 한 다발을 앞으로 내밀었다.

"엄마 거예요."

제이콥이 의기양양한 목소리로 말했다.

"오, 제이콥. 정말 넌 믿을 수 없을 만큼 멋진 아이야."

샬로트는 눈물을 가볍게 눌러 닦아내며 미소를 지었다.

"지금껏 꽃을 받아본 적이 한 번도 없단다. 고맙구나."

"자, 엄마. 나까지 눈물 나게 만들지 말아줘요. 이러다간 우리 둘 다 졸업식을 망쳐버리겠어요."

연단에 선 사람이 한참 말을 하는 중에 샬로트는 꽃다발에 꽂혀있는 카드를 발견했다. 그것을 뽑아들어 읽어 보았다.

"내가 아는 한 이 세상에서 가장 똑똑한 사람에게. 나에게 엄마라고 부르게 해주셔서 정말 감사해요."

이젠 눈물을 멈출 도리가 없어졌다. 샬로트는 아들의 손을 꼭 잡고 귓가에 속삭였다.

"사랑한다, 아들. 앞으로도 쭉 날 엄마라고 불러주렴."

Chapter 6

보이지 않는
진실을 보는 눈

나는 언제나 당신을 의지합니다.

당신의 한결같은 사랑은 나를 붙잡아주는 힘입니다.
당신을 사랑하고 당신의 뜻을 좇아 살아간다면
내 앞에 닥치는 고난을 헤쳐나갈 수 있음을 고백합니다.
재난을 만났을 때 당신은 언제나 나의 피난처가 되어 주십니다.

가족에게 항상 새 힘을 주는 세상의 모든 어머니에게

희망을 바라보는 어머니의 시선

어머니는 눈에 보이지 않는 것도 볼 수 있고, 있을 법하지 않은 일도 상상할 수 있습니다. 어머니의 시야는 이 땅의 테두리를 벗어납니다. 그 근본이 이 세상의 것이 아니기 때문입니다. 하늘의 권능을 받은 어머니의 눈은 당장의 결과를 넘어선 가능성을 바라볼 수 있습니다. 어머니의 시선은 불가능 속에서 희망을 꿈꾸고, 약속에 기대를 더합니다.

어머니의 삶이라고 해서 모든 것이 바라는 대로 이루어지는 것은 아닙니다. 삶은 우리에게 꿈만 주는 것이 아니라 실망도 함께 선사합니다. 삶은 경이로운 기적을 일으키기도 하지만 사람을 피폐하게 만들기도 합니다.

승승장구하는 순간에 마음속에 승리를 그리는 일은 쉽습니다. 하지만 어머니의 눈동자가 정말로 빛나야 하는 순간은 오히려 패배를 마주해야 하는 순간입니다. 경제적으로 어려워졌을 때, 인간관계의 파탄을 맞이하게 되었을 때, 막다른 길에 다다라 더 이상 갈 길을 알 수 없을 때, 바로 그때 어머니는 현실을

넘어서는 더 좋은 것, 더 근사한 것을 결연하게 머릿속에 그려 냅니다.

때로 그 실망스러운 일이 삶의 문제가 아니라 사랑하는 자녀의 문제일지라도 말이죠. 순진무구한 아기가 때로 기형아로 태어나기도 합니다. 10대 아이들은 그동안 내내 가르쳤던 가르침에서 어긋나 버리기도 합니다. 다 자란 자녀도 자기 자신의 삶뿐만 아니라 어머니의 삶까지 해치는 선택을 하는 경우가 있습니다. 그럼에도 불구하고 어머니 당신의 눈은 여전히 희망을 봅니다. 그 눈동자는 언제나 무한한 가능성을 그려 냅니다.

이런 획기적인 비전을 품는 것이 가능한 이유는 무엇일까요? 그것은 사랑입니다.

사랑을 억지로 침묵시킬 수는 없습니다. 소멸시킬 수도 없습니다. 사랑은 이 땅에서 가장 위대한 감정입니다. 그리고 사랑은 우리를 안전한 집으로 인도해줍니다.

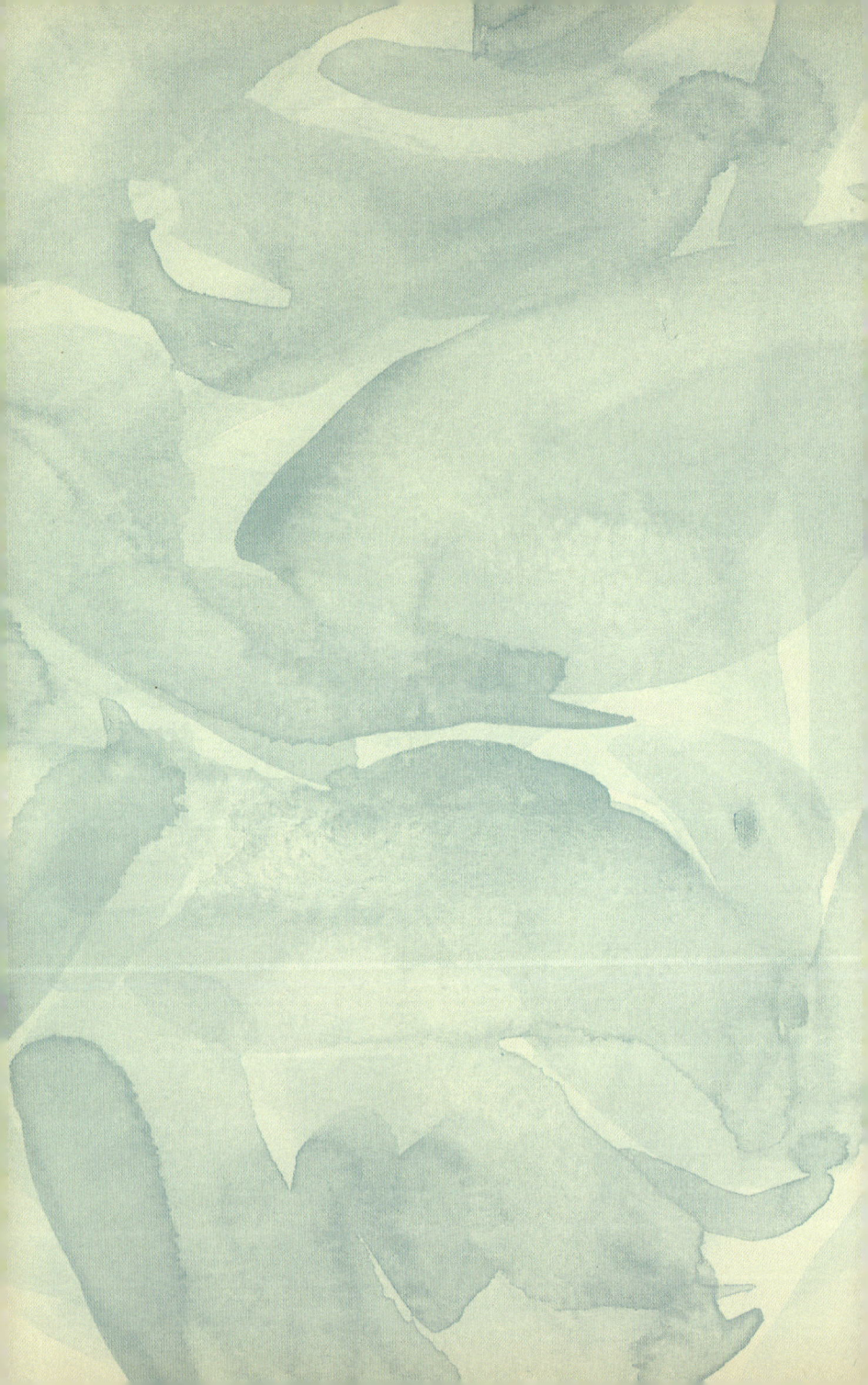

분명한 비전은
장애물을 뚫고 큰 길을 내어 줍니다.

로 알드리치

조금은 다르지만 내겐 소중한 천사

병원 침대에서 일어나 앉은 미시는 조그만 분홍빛 꾸러미를 품에 안고 내려다보고 있었다. 그녀의 품에 안긴 미아는 그 가냘픈 입술로 거품을 푸푸 만들어대며 생애 처음으로 만나는 엄마를 올려다보고 있었다. '이럴 때 보면 평범한 보통 아이들이랑 똑같은 걸.' 미시는 미아의 분홍빛 살결을 가만히 어루만지며 생각했다.

고개를 들자 남편, 제이슨과 눈이 마주쳤다. 평소에 믿음직하기만 하던 남편의 두 눈동자도 지금은 흔들리고 있었다.

"자, 어머니. 아기에게 뽀뽀해 주셔야죠."

간호사가 말했다. 그 순간 그녀의 목을 죄어오는 것은 아이를 낳던 날의 충격이었다. 아이가 건강하지도 않고 정상도 아니라는 사실을 알게 된 순간의 기억이 그녀의 가슴 속에 되살아났다.

그날, 진료실에서 나오는 길에 우연히 친구 비벌리를 만났다. 친구는 미시의 부른 배를 톡톡 두드리며 야단스럽게 말했다.

"요 작은 아가씨가 어서 태어났으면 하고 바라고 있지?"

그 말에 미시는 말없이 미소를 지으며 고개만 끄덕였다. 하지만 마음속으로 이렇게 되뇌고 있었다.

"아니, 그렇지 않아. 그렇게 서둘러 만나고 싶지가 않아."

미시는 두 번째 초음파 검사를 받던 날이 생각났다. 미시가 다니던 병원은 최신식 검사 장비를 갖추고 있어서 보다 선명하고 자세한 태아의 모습을 볼 수 있었다. 간호사가 차가운 젤을 배에 문질러 발라주자 미시는 흥분을 감추지 못하고 기대에 차 있었다. 곧 태아의 모습이 나타났다. 31주 된 미아는 미시에게 등을 돌린 채 웅크리고 있었다. 미시는 휘어진 척추를 자세히 살피고 조그만 손가락 열 개와 발가락

열 개를 세어 보았다. '아가야, 뒤로 좀 돌아봐.' 미시는 미아가 뒤로 돌아줬으면 좋겠다고 간절히 바랐다. '우리 아가 예쁜 얼굴 좀 엄마한테 보여줘 보렴.' 그때 어린 미아는 마치 엄마의 목소리를 듣기라도 한 듯 뒤로 돌아서 미시의 눈앞에 얼굴을 보여주었다. 하지만 아기의 얼굴을 본 미시의 눈동자는 충격으로 커졌다. 저절로 터져 나오는 작은 비명에 손으로 입을 막아야 했다.

미시는 눈앞의 광경을 도저히 믿을 수 없었다. 이건 분명 착오이다. 엉뚱한 것을 보고 착각하고 있는 게 분명했다.

"이게 뭐죠?"

미시는 떨리는 목소리로 물었다.

"우리 아가 얼굴이 어떻게 된 거죠?"

그 후 며칠 동안, 미시는 내내 눈물로 지냈다. 잃어버린 것들이 안타까워 울었다. 한껏 부풀었던 기대와 꿈이 순식간에 물거품이 되었다는 것이 너무나 슬퍼서 울었고, 아름답고 평범한 꼬마 소녀를 잃어버렸음에 또 울었다.

하지만 시간이 조금 지나자, 미시는 미아의 상태가 어떤지에 대해 공부하는 데 정신을 집중했다. 인터넷 사이트를 찾아다니며 비슷한 증상을 가진 자녀가 있는 다른 가족들에게 질문을 했다. 그러면서 구순열(윗입술이 세로로 찢어져, 토끼 입술 같아 보이는 언청이 입술을 말한다 – 편집자주)과 구개열(구순열과 같은 의미로 사용됨 – 편집자주)이라는 단어를 차츰 이해하기 시작했다. 완전구개파열과 불완전구개파열의 차이점도 알게 되었다. 미아의 상태에서 가장 최악의 경우는 구개열파열이라는 것도 알아냈다.

그날 이후 미시는 뱃속의 아기를 내려다보면서, 어쩌면 아이가 '정상'으로 태어날지도 모른다고 생각하곤 했다. 하지만 한쪽 구석에 모여서 소리 죽여 수군거리는 간호사들의 모습을 보고는, 자신의 바람이 부질없음을 깨달았다. 간호사들 중 한 사람이 미시의 침대 맡으로 다가와 잠시 동안 미아를 주의 깊게 들여다보았다. 속이 울렁거리고 심장이 두방망이질 치기 시작했다. 뭔가 잘못되어 있었다. 눈에 보이는 것 이상의 문제가 있는 것이 분명했다.

"아이의 호흡에 문제가 있습니다."

간호사가 신중하고 침착한 목소리로 말해주었다.

"신생아 집중 치료실로 데리고 가서 상태를 확인해봐야겠습니다. 하지만 걱정은 마세요. 모든 것이 괜찮은지 확인해볼 필요가 있어서 그러는 것뿐이니까요."

하지만 미아는 걱정이 되었다.

"제이슨? 도대체 무슨 일이예요? 어째서 우리 미아를 데리고 가겠다는 거죠?"

"여보, 별 일 아닐 거야. 안면장애 때문에 호흡에 약간의 문제가 있을 수도 있다는 건 우리도 알고 있었잖아. 병원에서는 만전에 주의를 기울이고자 해서 그러는 거야."

마지못해 아기를 내어준 미시는 수심에 잠긴 얼굴로, 미아를 데리고 복도로 사라져가는 간호사의 모습을 지켜보았다. 그 뒤를 제이슨이 조심스레 따라 나갔다.

"우리 아기를 잘 돌봐주세요."

미시는 문이 닫히는 순간 조그맣게 말했다.

순간 공포가 미시의 심장을 움켜잡았다. 목이 꽉 조여 왔다. 두려움이 치밀어 올랐다. 아이가 호흡장애를 겪고 있다!

미아가 회복하지 못하면 어떡하지? 아이도 없이 혼자서 집으로 돌아가야 하는 것일까? 미아의 장애를 알고 슬퍼하고 괴로워했던 일이 떠올라 죄책감이 일었다. '난 건강한 아이를 갖게 되지 못할 것에 대해서만 걱정했어. 그런데 지금은 아예 아이를 잃을지도 모르는 지경이 되었어. 오, 제발, 하나님, 당신의 천사를 보내셔서 저의 어린 천사를 지켜주세요. 제발 미아를 살려주세요.'

순간 지난 몇 달간의 슬픔은 아기에 대한 지극한 사랑으로 바뀌어버렸다. 기형으로 태어났지만 미아는 여전히 신의 축복이었던 것이다. '하나님, 미아를 주셔서 감사합니다. 이제는 제발 아이와 함께 있을 수 있도록 도와주세요. 앞으로 얼마나 많은 수술을 해야 할지 모르지만, 또 얼마나 많은 흉터가 그 어린 얼굴에 남게 될지 모르지만, 저는 저 아이를 원합니다. 저희 가족의 삶 속에 저 아이가 함께 하기를 원합니다.'

기도를 하고 나니 방금 전에 느꼈던 공포와 두려움은 미시가 당면한 현실을 뛰어넘는 평화로움으로 바뀌어가고 있었다. 미시는 이런 화평함이 하늘에서 보내주신 것임을 알 수 있었다. 미시는 베개에 편안히 머리를 뉘었다. '감사합니다, 하나님. 제가 같이 할 수 없을 때, 우리 아가와 함께해주심을 감사드립니다.'

병실 침대에 혼자 누워 있던 미시의 생각은 어느 새 집에 있는 두 아들에게로 옮겨갔다. 다섯 살 콜과 여덟 살 리드는 어린 미아를 어떻게 생각할까? 어떻게 하면 두 아들에게 어린 동생의 겉모습을 넘어서 그 안에 살고 있는 천사를 보도록 가르칠 수 있을까? 미시는 두 오빠들이 미아의 아름다움을 볼 수 있을 정도만이라도 미아가 살 수 있도록 해달라고 기도했다.

바로 그때 제이슨이 병실 문을 벌컥 열고 안으로 들어왔다. 미시는 자리에서 벌떡 일어나 떨리는 목소리로 말했다.

"어때요, 제이슨? 무슨 일이예요? 아기는 괜찮은 거예요?"

제이슨은 숨을 고르면서 말했다.

"미시, 미아는 괜찮아. 방금 의사하고 이야기를 나누고 오는 길이야. 호흡 문제는 안면장애하고는 아무런 상관도 없대. 폐에 물이 들어가서 그러는데, 제왕절개로 태어난 아이들에게 종종 있는 일이라는군."

제이슨은 미시를 안심시켜주려 꼭 안아주었다.

"우리 아기는 괜찮대!"

미시는 침대에 털썩 몸을 뉘였다. '고맙습니다, 하나님. 저의 어린 천사를 돌봐주셔서 고맙습니다.'

"그럼 얼굴은요, 제이슨?"

반드시 물어봐야만 하는 질문이었다.

"상태가 얼마나 나쁜지 말해줘요?"

"꽤 안 좋다는군."

제이슨이 낮은 목소리로 말했다.

"한쪽은 구개열완전파열이고……."

미시는 숨을 훅 들이마셨다.

"나머지는 불완전파열이라는군."

"그럼 입천장은요?"

미시는 대답을 듣기가 두려웠다. 하지만 8주 전에 초음파 영상을 통해 미아의 얼굴을 본 이후 지내왔던 그 어떤 때보다 자신감 어린 모습이었다.

"부분적으로 갈라져 있다는군."

제이슨은 미시의 반응을 살피며 조심스레 말했다.

"난 괜찮아요, 제이슨."

미시는 스스로도 자신의 침착한 태도에 놀랐다.

"정말이예요. 미아가 죽을지도 모른다고 생각하니까 안면 장애 정도는 그리 대단치 않다는 생각이 들었어요. 아이가 건강하게 살아있기만 바랄 뿐이예요."

미시는 다시 집에서 할머니와 함께 기다리고 있을 두 아들에게 생각이 미쳤다.

"제이슨, 우리 미아가 얼마나 소중한 선물인지를 우리 아이들도 깨닫게 하려면 어떻게 도와주어야 할까요? 지금 이대로의 모습도 충분히 아름답고 사랑스럽다는 것을 아이들이 알았으면 좋겠어요. 미아를 있는 그대로의 모습으로 사랑하도록 하려면 아이들을 어떻게 가르쳐야 할까요?"

제이슨은 미시의 손을 잡고 언제나처럼 강한 확신을 가진 시선으로 아내의 눈동자를 바라보았다.

"아이들 스스로 그 방법을 찾아낼 거야. 일단 집에 돌아가서 미아와 함께 시간을 보내게 되면 아이들은 저절로 그 사실을 알게 될 거야."

그리고 일주일 후, 엄마와 아기는 집으로 돌아가 일상을 이어가게 되었다. 미시는 구개열파열에도 불편하지 않도록 아이가 젖을 물 수 있는 방법을 터득했다. 오빠들은 꼬마 여동생이 주변에 있는 것에 점차 익숙해갔다. 어느 날 오후, 미시는 콜에게 미아가 잘 자고 있는지 확인하고 오라고 시켰다.

"콜, 미아가 뭘 하고 있든?"

부엌으로 달려 들어오는 콜에게 미시가 물었다.

"자고 있어요. 이렇게 하면서."

콜은 두 손가락으로 입술을 벌려 코 쪽으로 올려 보였다.

"그러니까 미아가 이렇게 하고 있다는 게 아니구요, 이런 모습으로 자고 있다구요."

미시는 들고 있던 행주를 내려놓고, 무릎을 구부리고 주저앉아 다섯 살 난 아들과 눈을 마주쳤다.

"무슨 말인지 알겠다, 아가."

미시는 숨을 크게 들이마시고는 말을 이어갔다.

"나가서 형을 데리고 오자. 너희 둘하고 이야기를 좀 해야 되겠다."

미시는 콜의 손을 잡고 거실로 걸어갔다.

"얘들아, 잠깐만 이리 엄마 옆에 와서 앉아봐."

미시는 소파에 앉아 한쪽 무릎 위에는 콜을 앉히고 바닥에 리드를 앉혔다. 리드는 의아한 얼굴로 엄마를 올려다보고 있었다.

"무슨 일이예요, 엄마? 미아한테 무슨 문제라도 생겼어요?"

"아니, 미아는 아무 문제없어."

미시는 다시 한 번 크게 숨을 들이마셨다.

"얘들아, 엄마가 할 말이 있어."

"뭔데, 엄마?"

콜은 그날 처음으로 얌전하게 앉아 조용히 말하고 있었다.

"너희들 동생 얼굴이 다른 아기들이랑 다르게 생긴 건 다 알고 있을 거야. 엄마도 우리 미아가 평범한 아이가 아닌 건 알고 있단다. 그런데 엄마는 너희들이 미아를 어떻게 생각하고 있는지 궁금하단다. 어떻게 생각하고 있니?"

콜은 심각한 표정으로 생각에 잠겼다.

"음, 난 미아가 무진장 못생겼을 거라고 생각했어. 그런데 그렇지 않아. 정말로 귀여워."

미시는 환하게 미소를 지으며 리드에게 고개를 돌렸다.

"리드, 넌 어때? 미아를 어떻게 생각하니?"

리드는 여덟 살 나이에 걸맞은 멋진 말을 찾기라도 하는 듯 한참 뜸을 들이다 대답했다.

"엄마, 미아 생각은 계속 해봤거든. 그런데 그 결론이 뭔지 알아?"

미시는 숨을 멈췄다.

"아무래도 우리 동생 이름을 바꾸는 게 좋겠다는 거야."

"뭘로 바꿨으면 좋겠는데?"

미시는 약간 불안한 마음으로 물었다.

"아무래도 천사라고 부르는 게 좋겠어."

안도감이 밀려왔다. 그리고 감사하는 마음과 사랑스러운 마음이 솟구쳤다. 미시는 두 아들을 두 팔 가득 안았다.

"미아는 지금 너무 어려서 자기가 얼마나 근사하고 멋진 오빠들을 갖고 있는지 모르겠지만, 언젠가는 이 사실을 알게 될 거야. 우리 미아는 정말 축복받은 꼬마 아가씨야."

미시는 아이들을 꼭 껴안으며 다시 미소를 지었다. '누가 평범한 아이를 원하겠어? 천사 같은 아이를 가질 수 있는데 말이지.' 미시는 생각했다.

Chapter 7

중고 엄마의 새 출발

내가 가는 곳마다 **당신은** 항상
마음으로 함께하십니다.

내가 맞이하는 매일 아침을
당신의 한결같은 사랑으로 가득 채워주셨습니다.
또한 당신은 내게 삶의 길을 보여주셨습니다.
이제 그 사랑의 빚을 갚고자 합니다.
내 곁에서 영원한 이 기쁨을 누리십시오.

가족에게 항상 새 힘을 주는 세상의 모든 어머니에게

삶의 여정에서 만나는 기쁨

기쁨은 마음의 상태입니다. 우리가 세상을 바라보는 시각이 어떠한가에 따라 커지는 것이 기쁨입니다.

진정한 기쁨은 이 세상을 하나님의 눈으로 보는 능력에서 나옵니다. 하나님은 모든 것의 진실함을 보십니다. 선함과 악함을 모두 보십니다. 그리고 그 안에 기쁨이 가득함을 보십니다.

어머니의 기쁨은 하나님을 믿는 것에 근간을 두고 있습니다. 바라고 원하는 것이 모두 이루어졌다고 믿는 것을 말하는 것이 아닙니다. 왜냐하면 그런 일은 거의 일어나지 않기 때문입니다. 자녀들의 삶이 언제나 평탄하고 평안하기 때문에 믿는 것도 아닙니다. 그럴 가능성은 아예 없기 때문입니다. 그 믿음은 하나님이 어머니 당신보다 더 당신의 자녀를 사랑하고 있음을 알고 믿는 데 있습니다. 하나님은 자신의 의지를 억지로 자녀들에게 강요하지 않지만, 하나님 안에서 지낼 수 있도록 기회를 주십니다.

기쁨은 슬픔과 절망을 없애주지 못합니다. 실망이나 두려움을 막아주지도 못합니다. 하지만 슬픔과 공존합니다. 우리 영혼

깊은 곳에서 솟아 나오는 것이기에 그렇습니다. 희망이라는 비옥한 옥토에서 자라나는 것이 기쁨이기에 그렇습니다.

삶의 여정을 따라가다 새로운 장소, 새로운 역할, 새로운 때를 만나게 될 때, 어머니로서의 일이 달라질 때도 그 안에서 기쁨을 찾으세요. 우리의 자녀들이 자라 이 세상에서 자신의 자리를 찾게 될 때 기쁨을 꽉 잡으세요. 그 기쁨을 찾을 새로운 일을 갖게 될 것입니다. 그 기쁨을 나눌 새로운 사람을 만나게 될 것입니다. 시간을 갖고 그 기쁨을 찾아보면, 어머니의 기쁨은 아이들이 자기 자신들의 가정을 꾸려나가는 과정에서 다시 떠오르게 될 것입니다. 아이들이 느끼는 어머니로서의 기쁨을 온 가정에 가득 넘치게 할 것입니다.

어디로 가든지

무엇을 하든지

우리는 흔적을 남기게 됩니다.

루이스 토마스

중고 수레와 중고 엄마

시원한 물줄기 소리와 촉촉하고 차가운 습기가 알레사의 괴로운 마음을 가라앉혀 주고 있었다. 막내아들이 대학에 다니느라 집을 떠난지도 어느덧 3주가 지났다. 언제나 아이들과 함께였는데, 이제 네 형제 중 마지막 남은 아이까지 떠나버리고 나니 그녀에게는 하루하루가 공허하고 길게만 느껴졌다.

알레사는 분무기 노즐 방향을 옆에 있는 장미 덤불로 옮겼다. 그녀의 장미는 근방에서 최고로 손꼽혔다. 수년간 그 장미를 정성스레 돌봐오면서 언제 가지치기를 해야 하는지, 언제 비료를 주어야 하는지, 그리고 얼마나 물을 주어야 하는지 배웠다. 하지만 오늘 알레사는 좀처럼 정원 일에 마음을 쏟을 수가 없었다. 아이들이란 자라서 언젠가 집을 떠나게 되어 있다는 이치는 잘 알고 있었다. 엄마의 목표 중 하나가 독립적인 성인을 길러내는 일이라는 것도 알고 있었다. 그리고 이제는 아이들이 다 자라 자신들의 삶을 꾸려나갈 나이가 되었다는 것도 익히 알고 있었다. 이 모든 사실을 누구보다 더 잘 알고 있는 그녀였다. 그리고 그렇게 되기를 바라왔던 것도 사실이었다. 하지만 이 모든 일이 조금도 좋지가 않은 것은 왜일까?

물론 알레사에게는 정원을 가꾸는 일이 남아 있었다. 하지만 아들을 대신하기에 정원은 너무나 초라한 존재였다. 알레사는 수국 덤불로 시선을 옮겨 보았다. 시들어버린 꽃송이를 조심스레 걷어내고, 잎사귀에 벌레 먹은 흔적이 없는지 세심하게 살폈다.

'아이들도 이 꽃과 같아. 너무나 연약하지만, 동시에 놀라울 정도로 회복력이 빠르지. 용감무쌍한 모험정신을 적당히 가지쳐줄 때와 아무런 방해도 받지 않고 마음껏 가지를 뻗어

나가게 해주어야 할 때를 잘 알아서 돌봐야 하지. 아이들이나 꽃이나 해줄 일이 얼마나 많은지. 끊임없는 관심과 주의를 필요로 해. 하지만 그 대가로 받는 기쁨이 얼마나 큰데.'

한참 생각에 잠겨 있던 알레사는 소맷자락을 잡아당기는 기척에 놀라 주위를 돌아보았다. 조그만 여자 아이가 바로 옆에 서서 크고 푸른 눈동자로 알레사를 쳐다보고 있었다.

"아이들이 있으세요?"

아이가 물었다.

"그게…… 있긴 하지. 하지만 모두들 다 커버렸단다. 그래서 더 이상 여기서 같이 살고 있지 않아."

아이의 실망한 얼굴이 알레사의 마음속 실망감과 똑같이 닮아 있었다.

"그럼 여기 근처에 어린아이가 살고 있는 집을 아시나요? 저는 방금 저기 길 아래 노란 집으로 이사 왔거든요. 그런데 같이 놀 친구들이 아무도 없어요."

알레사는 잠시 동안 생각을 더듬어 보았다.

"네 나이 또래의 아이는 생각이 나지 않는구나. 대부분은 우리집 아이들처럼 다 자라 집을 떠났어."

아이의 반짝이는 눈동자는 금방이라도 굵은 눈물방울을 흘릴 태세였다.

"나는 우드햄 부인이란다."

알레사가 이 새로운 친구의 마음을 돌리기 위해 말을 꺼냈다.

"네 이름은 뭐니?"

"엘리예요. 오빠가 한 명 있지만, 너무 커버렸어요. 나랑은 절대로 같이 놀아주지 않아요. 게다가 나한테는 엄마도 없어요."

이 말을 하고나자 아이의 눈동자에서는 굵은 눈물이 한 방울 흘러내려 발아래 촉촉한 땅으로 떨어졌다.

알레사는 허리를 숙여 엘리와 눈높이를 맞추었다.

"엘리, 그럼 우리집 정원에 물주는 일을 좀 도와줄래? 나는 기분이 좋지 않을 때 정원 일을 하면 기분이 훨씬 좋아지곤 한단다."

알레사는 주머니에서 깨끗한 휴지 한 장을 꺼냈다.

중고 엄마의 새 출발

"여기 이걸로 눈물을 닦으렴. 내가 슬퍼질 때를 대비해서 항상 가지고 다니는 거야."

그 말이 엘리의 주목을 끌었다.

"왜 슬퍼지는데요?"

"네가 엄마와 같이 있지 못하게 되었을 때, 얼마나 슬펐는지 기억나니? 난 더 이상 내 아이들과 함께 있지 못하게 되어 슬프단다. 아무래도 우리 둘은 공통점을 갖고 있는 것 같다. 그렇지?"

엘리의 얼굴에 미소가 번졌다. 아이는 신이 나서 알레사가 내민 물통을 받아 들었다.

"이 꽃들은 매우 목이 마를 거야. 이 아이들에게 물을 좀 마시게 해주겠니? 뿌리를 박고 있는 땅이 흠뻑 젖을 정도로 주어야 한다는 걸 명심하렴."

엘리는 진지한 표정으로 맡은 일에 착수했다.

"아줌마 아이들도 죽었나요?"

"아니, 자기들의 삶을 시작하기 위해 집을 떠난 거란다."

"우리 엄만 죽었어요."

엘리가 말했다.

"내가 다섯 살 때 죽었대요. 난 지금은 많이 컸어요. 일곱 살이나 되었는걸요. 우리가 여기로 이사 온 건 아빠가 새로운 직장을 얻으실 수 있기 때문이에요. 아빠는 새로운 시작이라고 말했어요. 하지만 나는 옛날 있던 대로 있는 헌 시작이 더 좋아요."

"아이들이 떠나고 나서 우리 남편이 한 말하고 똑같구나. 새로운 시작. 하지만 나도 너하고 같은 생각이야. 헌 시작이 더 좋구나."

알레사와 엘리는 나란히 서서 물을 주었다. 알레사는 엘리의 물통이 빌 때마다 물을 다시 부어 주느라 잠시 일손을 놓아야 했다.

각자의 생각에 잠겨 몇 분 동안 있다가 알레사가 말을 꺼냈다.

"엘리, 지금 막 생각해봤는데, 우리 둘 다 아빠나 남편이 말한 새로운 시작은 마음에 들어 하지 않으니까, 다른 종류의 새로운 시작을 하면 좋을 것 같아. 우리 둘이서 같이 조그만 정원을 하나 가꿔보면 어떻겠니?"

"정말 그렇게 할 수 있어요? 난 한 번도 내 정원을 가져본 적이 없어요."

엘리가 신나서 말했다.

"그럼 그렇게 하기로 하자."

알레사는 손에 끼고 있던 원예 장갑을 벗고 엘리의 머리카락을 다정하게 헝클어주었다.

"제일 먼저 무엇을 심을지 결정해야만 해. 제일 좋아하는 색이 뭐니?"

"빨간색이요!"

"빨간색이라. 어디 생각을 좀 해보자. 그래 좋은 생각이 났어."

알레사는 두 눈을 휘둥그레 뜨고 있는 꼬마 아이를 내려다보며 미소를 지었다.

"빨간무를 심자꾸나. 무는 빨리 자라고 다 자라면 뽑아서 먹는 재미도 있으니까. 어떠니?"

"정말 최고예요! 얼른 아빠한테 가서 말해줄래요."

엘리는 뒤로 돌아 정원을 나서려다 다시 망설이는 표정으로 돌아섰다.

"그럼 내일 학교 끝나고 다시 만나러 와도 되는 거예요?"

"그럼, 기다리고 있을게."

그날 저녁 알레사는 엘리의 집으로 가서 엘리의 아버지를 만나 인사를 나누었다.

"전 알레사 우드햄이라고 해요."

알레사는 의아한 얼굴로 문을 연 남자에게 말했다.

"오늘 따님을 만났답니다."

"아, 그 정원에서 만난 부인이시군요."

남자는 안도하는 안색으로 미소를 지었다.

"저는 데이비드 스펜서라고 합니다. 엘리의 아빠죠."

데이비드는 반갑게 한 손을 내밀어 악수를 청했다.

"아이가 집에 와서는 내내 부인 이야기를 하더군요. 괜히 성가시게 해드린 것은 아닌지 모르겠습니다."

"엘리는 다른 사람을 기쁘게 하는 재주가 있는 아이던걸요."

알레사는 엘리의 아버지를 안심시켰다.

"엘리가 저와 함께 정원을 만들기로 한 이야기도 했나요?"

"하고 또 하고 수십 번은 더 했을 겁니다. 자기가 제일 좋아하는 색 식물을 심기로 했다고 하더군요. 뭘 심기로 했었는지 이름은 기억을 못하더라고요. 하지만 그게 빨간색이라는 건 분명히 알고 있어요."

"네, 빨간무를 심을 거랍니다. 방과 후에 저희 집에 간식을 먹으러 왔으면 하는데 괜찮을까요?"

"괜찮고 말구요. 엘리도 좋아할 겁니다. 오빠가 엘리보다 조금 일찍 집에 돌아와서 제가 퇴근하기 전까지는 집에 있을 겁니다."

잠시 후 알레사는 남편에게 새로 사귄 꼬마 친구에 대해 명랑하게 수다를 떨면서 초콜릿 칩 쿠키를 굽고 있었다. 다음날 아침 알레사는 둘만의 새로운 정원을 만들 자리를 완벽하게 준비해 놓았다. 땅을 파고 비료를 더하고 땅을 긁고 그 위에 흙을 다시 덮어 식물을 심기에 좋을 정도로 폭신하게 만들어 놓았다.

그날 오후 스쿨버스 소리가 들리자 엘리사는 자신이 너무나 흥분해 있다는 사실에 스스로도 놀랄 지경이었다. 알레사는 현관으로 나가 버스 문이 열리는 것을 기대에 찬 눈으로 바라보았다. 꼬마 친구가 버스 계단을 내려오기 전까지 영원의 시간이 걸리는 것만 같았다. 엘리는 알레사를 보자마자 환한 미소를 지으며 손을 흔들었다.

"오빠한테 가서 학교 갔다 왔다고 말하고 곧바로 올게요."

잠시 후 엘리는 알레사의 현관 계단을 달려 올라왔다.

"일을 시작하기 전에 간식을 좀 먹을래? 아줌마가 초콜릿 쿠키를 좀 구웠단다."

"정말요?"

엘리는 두 눈을 크게 뜨고 되물었다.

"난 초콜릿 칩 쿠키를 정말 좋아해요."

"나도 그렇단다."

알레사가 말했다.

"내가 제일 좋아하는 간식이지."

쿠키와 우유를 사이좋게 나누어 먹은 두 정원사는 창고로 가서 사용할 도구와 씨앗을 챙겼다.

"엘리, 여기 물건들을 이 낡은 수레에 다 싣자. 그러고 나서 너도 이 위에 올라타면 내가 우리의 정원까지 태워다 줄게."

"정말요?"

엘리는 또 되물었다.

"이런 수레 한 번도 타본 적이 없어요."

"이 수레는 아주 오랫동안 우리집에 있었단다. 우리 아이들이 어렸을 적에 창고 세일에서 발견한 물건이지."

"창고 세일이 뭐예요?"

"사람들이 자신한테 필요 없어진 물건들을 모아다가 창고나 마당에 늘어놓고 그 물건이 필요한 사람들에게 파는 거야. 어쨌든 아줌마는 이 낡은 수레를 거기서 발견하고는 사서 집으로 가지고 왔단다. 정원 일을 할 때 쓰려고 말이지. 그런데 아이들이 이걸 너무 좋아하는 거야. 그래서 사포질을 깨끗이 한 다음에 밝은 빨간색으로 칠했지. 이 중고 수레로 아이들을 많이도 태워주었단다."

"중고가 뭐예요?"

엘리는 어리둥절해하는 얼굴로 미간을 찡그리며 물었다

중고 엄마의 새 출발

"그건 우리가 사용하기 전에 다른 사람이 썼던 물건이라는 뜻이야. 누군가한테 작아진 옷을 받아 입어 본 적이 없니?"

"아하!"

엘리가 고개를 끄덕였다.

"그 옷을 처음에 입었던 사람이 그 물건을 처음 사용했던 주인이잖아. 그런데 그 주인이 너무 커버려서 옷이 안 맞게 되니까 너한테 그 옷이 물려진 거구. 그럼 네가 두 번째 주인이 되고 그 물건은 중고가 되는 거야. 알겠니?"

"완벽하게 이해돼요!"

엘리가 만족스러운 얼굴로 크게 대답했다.

"그럼 이 중고 수레한테 나는 세 번째 주인이 되는 거네요?"

알레사는 웃음을 터뜨렸다.

"그렇게 되겠구나."

그리고 이어 한 시간 동안 엘리와 알레사는 흙에 조그맣게 구멍을 내고 그 안에 조그만 빨간무 씨앗을 넣어 두었다. 이어 씨앗을 흙으로 덮고는 손으로 다독이고 나서 적당한 양의 물을 주었다.

"오늘 할 일은 여기까지란다."

알레사는 연장을 정리하면서 말했다.

"학교가 끝난 후 매일 물을 주고 잡초를 뽑아주면, 며칠 안에 조그만 빨간무 새싹을 보게 될 거야. 이젠 집으로 들어가서 목 좀 축이자. 그러고 나서 집으로 돌아가도록 하렴."

부엌 식탁에 앉아 차가운 레모네이드를 즐기면서 알레사는 엘리에게 학교생활에 대해 이것저것 물어보았다. 엘리는 편안하게 이런 저런 이야기를 늘어놓았다. 식탁에 아이가 다시 앉으니 참 좋았다.

"알레사 아줌마는 뭐하는 사람이예요?"

엘리가 물었다.

"무슨 말이니?"

"선생님이나 의사나 아니면 우리 아빠처럼 회계사나…… 그런 거 말이죠. 알잖아요. 아줌마는 뭐예요?"

"음, 그게 한참 동안은 엄마였단다. 그런데 지금은 아이들이 다 자랐으니 이젠 뭐하는 사람인지 잘 모르겠다."

엘리는 미간을 찡그리고 한동안 아무 말도 하지 않고 있었다. 그러다가 갑자기 들뜬 얼굴로 환하게 웃으며 말했다.

"아줌마가 뭐 하는 사람인지 알겠어요."

"내가 뭐지, 아가?"

"아줌마는 중고 엄마예요."

알레사는 크게 웃지 않을 수 없었다.

"중고 엄마라고?"

"아줌마 아이들은 어른이 되기 전까지는 아줌마를 엄마로 가지고 있었잖아요."

엘리는 열심히 설명했다.

"그런데 이제는 나한테 온 거예요. 나는 아줌마가 만든 쿠키를 먹고 우리 둘의 특별한 정원을 만드는 일을 도와주죠. 그러니까 아줌마는 내 중고 엄마가 되고, 나는 아줌마의 두 번째 아이가 되는 거예요."

알레사의 심장은 벅찬 기쁨으로 터질 것만 같았다.

"정말 좋은 생각이구나, 엘리."

알레사는 손을 내밀어 엘리의 손을 꼭 잡았다.

"아줌마한테는 딸이 없었단다. 그런데 이렇게 두 번째 아이를 갖게 되어 너무 좋구나. 내가 너의 중고 엄마가 될 수 있어서 말도 못하게 좋아."

어쩌면 이 새로운 출발은 생각보다 훨씬 더 좋을 것 같았다.

포옹 Hugs for Mom

지은이 필리스 볼딩하우스
옮긴이 김지현

1판 1쇄 인쇄 2007년 4월 16일
1판 1쇄 발행 2007년 4월 24일

펴낸이 김영곤
펴낸곳 (주) 이끌리오
책임편집 주녕석 정은주
기획편집 고동우 배은하 박효진
영업마케팅 윤지환 이종률 허정민

등록번호 제 16-1646
등록일자 2000년 4월 10일

주소 경기도 파주시 교하읍 문발리 파주출판문화정보산업단지 518-3 (413-756)
전화 031-955-2411
팩스 031-955-2422
이메일 eclio@book21.co.kr
홈페이지 http://www.eclio.co.kr

값 9,800원
ISBN 978-89-5877-059-6 03840